Hans Günter Lemke

Verkaufstraining für den Zoofachhandel

Dähne Verlag

Kontakt zum Autor
Hans Günter Lemke
Möllberger Straße 257
32457 Porta Westfalica

Fotonachweis
Alle Fotos sind vom Autor, außer den besonders gekennzeichneten.
Titelfoto: Adobe Stock, Nomad Soul

Bibliografische Information der Deutschen Nationalbibliothek
Die Deutsche Nationalbibliothek verzeichnet diese Publikation in der Deutschen Nationalbibliografie; detaillierte bibliografische Daten sind im Internet über http://dnb.dnb.de abrufbar.

ISBN 978-3-944821-86-3

Druck: DG Druck, Weingarten
Lektorat: Ulrike Wesollek-Rottmann
Layout und Cover: Nadine Gmeiner
Printed in Germany

Vorwort

Die Konkurrenz durch den Onlinehandel zeigt deutlich, dass der Einzelhandel dem Kunden auf vielfältige Weise aufzeigen muss, welche Vorteile der stationäre Handel dem Kunden bietet. Dazu gehören an erster Stelle freundliche und professionelle Mitarbeiter und Mitarbeiterinnen, um erfolgreiche Verkaufsgespräche führen zu können. In meinen Seminaren höre ich oft von Teilnehmern „Das wissen wir schon alles" oder ähnliche Aussagen. Umso enttäuschender ist es, wenn in Testkäufen, Studien oder Umfragen erhebliche Mängel zutage treten.

Wichtig ist es, die schon bekannten Themen aufzufrischen und immer weiter zu verbessern. Dazu soll dieses Praxishandbuch beitragen. Wie werden Fragen gestellt, welche Bedeutung hat die Körpersprache, warum ist Zuhören so wichtig, wie können Reklamationen und Einwände ein Verkaufsgespräch beleben und wie kann auch ein Telefongespräch zu mehr Umsatz führen? Das sind nur einige der Themen, die im Verkauf beherrscht werden müssen und die hier mit vielen Beispielen aus der täglichen Praxis untermauert werden. Das Ergebnis ist ein ausreichendes Basiswissen für den Einsteiger und ein Nachschlagewerk für ‚alte Hasen'.

Haben Sie Fragen oder Hinweise, dann freue ich mich über Ihre Mail an:
info@lemke-training.de.

Termine meiner online-Seminare finden Sie hier:
www.lemke-training.de

Hans Günter Lemke

Hans Günter Lemke hat eine 20-jährige Erfahrung in namhaften Handelsunternehmen und ist seit 1998 als selbstständiger Trainer, Buchautor und Berater des Zoofachhandels, Garten- und Baumarkts tätig.

Seine Schwerpunkte sind Verkäuferschulung, Kundenbindung, Inventursicherung sowie Umsatzsteigerung durch optimale Warenpräsentation.

Inhalt

Was erwartet der Kunde?

Auch wenn der stationäre Handel bereits unzählige Male für tot erklärt wurde, die Realität sieht nach wie vor anders aus. Konsumentinnen und Konsumenten kaufen sowohl online als auch offline und belegen damit, dass Ladengeschäfte heute und in naher Zukunft eine tragende Rolle spielen werden.

Was sich sicher verändert hat, ist die gestiegene Erwartungshaltung der Kunden an ein Fachgeschäft oder einen Fachmarkt. ‚Der Kunde ist König', dieser Satz hat nicht an Bedeutung verloren. Allerdings ist es mittlerweile aber immer schwieriger geworden, ihn zufriedenzustellen.

Kundinnen und Kunden vergleichen heute Produkte intensiver und informieren sich vor dem Besuch eines Ladengeschäftes über den möglichen Kauf. Deshalb ist ein gutes Warenwissen von Verkäuferinnen und Verkäufern wichtiger denn je. Seitdem das Internet-Shopping an Beliebtheit gewonnen hat, müssen alle Branchen ihre Strategie in beinahe jedem Aspekt überdenken, denn Kunden haben andere und auch neue Erwartungen entwickelt. Gut geschultes und aufmerksames Personal ist das wesentliche Element, um den Kunden im stationären Einzelhandel ein positives Einkaufserlebnis zu bieten und sich dadurch vom Internethandel abzuheben. Kunden sind dann zufrieden mit Ihnen, wenn Sie ihre Bedürfnisse und Wünsche erfüllen, sie kommen wieder, kaufen erneut, empfehlen das Geschäft weiter und steigern so den Umsatz.

Service- und Dienstleistungen

Um die Erwartungen der Kunden erfüllen zu können, muss sich der Verkäufer mit vielen Verkaufsthemen auseinandersetzen. Deshalb ist es wichtig, in die Weiterbildung und Qualifikation der Mitarbeiter zu investieren. Kein noch so gutes Angebot oder guter Service werden dem Handel helfen, wenn der Mitarbeiterservice nicht optimal ist und auf Kundenwünsche nicht richtig reagiert. Deshalb ist eine positive Kommunikation das Wichtigste im Verkaufsgespräch. Jeder Vorgesetzte sollte sich dessen bewusst sein und regelmäßige Schulungen durchführen, um sein Personal noch besser zu machen.

Wir unterscheiden immer zwischen warenbezogenen Serviceleistungen (Reparatur von Geräten, Garantieverlängerung etc.) und warenunabhängigen Serviceleistungen (z.B. Restaurant, Spielecke für Kinder, Wickelecke). Jedes Serviceangebot sollte auf die Bedürfnisse der Kunden zugeschnitten sein. Ziel ist die Zufriedenheit der Kunden, damit diese zu ‚echten' Stammkunden werden. Fragen Sie sich selbst, was Sie schon als Service anbieten. Nachfolgend einige Beispiele, die helfen können, den Einkauf für den Kunden angenehmer zu gestalten. Allerdings sollten die Kunden diesen Service auch kennen. Bewerben Sie Ihr Angebot regional und auch im Geschäft mit sichtbaren Informationen. Und weisen Sie alle Mitarbeiter darauf hin, aktiv den Service anzubieten.

Als Service wäre wünschenswert:

- Übersichtliches und sauberes Geschäft
- Problemloser Umtausch
- Kostenlose Parkplätze
- Freies WLAN im Geschäft
- Kostenloser Taxiruf
- Lieferservice zum Kunden, kostenloser Versand
- Kostenlose Getränke (Wasser, Saft, Kaffee, Tee)
- Behindertengerechter Eingang und Toiletten
- Wartungs-/Reparaturservice für Geräte usw.
- Ersatzgeräte bei Reparaturen/Miet- und Verleihservice
- Beratungstage in Kooperation mit Herstellern für Tiere
- Offene Sonntage mit besonderen Highlights
- Vorteile durch Kundenkarten
- Altgeräte-Entsorgung mit oder ohne Aufpreis
- Günstige Finanzierung von größeren Einkäufen oder Geräten

Der Kunde erwartet ‚Besonderes'

Der Handel hat erkannt, dass der Kunde, auch durch zunehmende Freizeit, höheren Wert auf einen interessanten Einkauf legt. Dieser wird immer mehr zu einem Erlebnis, und der Händler sollte im Interesse des Umsatzes alles versuchen, den Kunden länger im Geschäft verweilen zu lassen. Trends zu berücksichtigen ist unabdingbar, denken Sie nur an das Thema ‚Halloween', welches mittlerweile von fast allen Branchen in der Sortimentsgestaltung und in Sonderaktionen erfolgreich umgesetzt wird.

Erwartungen der Kunden sind beispielsweise:

- Besondere Platzierungen und Aktionen, die auffällig und interessant sind.
- Immer etwas Neues im Geschäft, z.B. neue Sortimente oder Artikel – wenn möglich mit einer Verkostung oder zum Testen.
- Unterhaltung im Geschäft, wobei auch die richtige Musik und helles Licht wichtig sind. Hier spielt für den Kunden der Preis meist eine untergeordnete Rolle, wenn er etwas Besonderes oder Ausgefallenes kaufen kann.

Kundenorientierung

In Zeiten der Digitalisierung und des härter werdenden Wettbewerbs, ist eine effektive und positive Kommunikation mit dem Kunden besonders notwendig. Ziel muss ein Einkaufserlebnis sein, was oft vergessen wird. Der amerikanische Unternehmensberater Richard Whiteley hat einmal gesagt: „Wenn Sie sich um den Kunden kümmern, kommt er zurück. Wenn Sie sich um Ihr Produkt kümmern, kommt er nicht zurück. Logisch, aber offenbar doch nicht so einfach. Individualisierung heißt der kommende Trend, der Handel muss noch intensiver auf die Wünsche und Bedürfnisse des einzelnen Kunden eingehen.

Es gibt mittlerweile eine Anzahl von Studien, die ermittelt haben, was Kunden am meisten stört:

- Unfreundliches, gestresstes Personal
- Nichtbeachtung und fehlende Begrüßung
- Mangelnde Hilfsbereitschaft
- Lange Wartezeiten an der Kasse oder an Bedienungstheken
- Unwissenheit der Mitarbeiter über Produkte oder Dienstleistungen
- Personal zu umsatzorientiert, keine Empathie für den Kunden
- Falsche Aussagen, Unehrlichkeit
- Fehlende Sauberkeit
- Unübersichtliche Verkaufsregale
- Keine Parkplätze

Kundenwünsche erkennen

Im Verkaufsgespräch: Hören Sie immer genau zu, machen Sie sich Notizen und hinterfragen Sie das Gehörte.

Durch Interviews: Kundenbefragungen sind aufgrund wirtschaftlicher Veränderungen heute besonders wichtig. Die besten Ergebnisse erzielt man mit Befragungen durch einen Mitarbeiter, man kann natürlich die Fragebögen dem Kunden an der Kasse auch persönlich mitgeben. Noch wirksamer ist es, den Fragebogen mit einem Gewinnspiel zu verbinden, dann erhalten Sie zusätzlich Namen und Anschrift. Wenn mindestens zwanzig Prozent der Stammkunden einen Fragebogen ausgefüllt haben, erhalten Sie valide Ergebnisse.

Über Social Media: Mittlerweile tummeln sich viele Kunden auch in sozialen Medien und teilen ihre Ansichten mit. Ein Augenmerk sollten Sie hier darauf legen, welche Fragen gestellt und welche Themen diskutiert werden.

Marktforschungsstudien: Es gibt immer wieder neue Trends, die zu beachten sind. Informieren Sie sich regelmäßig anhand von neuen Studien und Auswertungen – immer bezogen auf Ihre Branche.

Veränderung im Kundenverhalten:

- Das Umweltbewusstsein ist gestiegen, und wird noch mehr steigen.
- Der Verbraucher ist kritischer geworden, dies hat auch mit der besseren Aufklärung durch die Medien zu tun.
- Der Kunde von heute nimmt sich weniger Zeit zum Einkaufen, trotz längerer Ladenöffnungszeiten, der Freizeitwert steigt weiter an.
- Wellness, Fitness, Nachhaltigkeit und Gesundheit gewinnt immer mehr an Bedeutung.
- Markentreue ist und bleibt wichtig. Auch Discounter bieten in ihren Sortimenten seit Jahren immer mehr Topmarken an.
- Lt. Statista 2020 beträgt die Anzahl der Einpersonenhaushalte in Deutschland im Jahr 2019 ungefähr 17,56 Millionen.
- Der Verbraucher will Erlebniseinkauf ohne Stress, am besten eine bedarfsgerechte Zusammenstellung von Produkten an einem Platz, das spart ihm Zeit.
- Zunahme wohlhabender Menschen ab 50 Jahren, die sich Luxus gönnen und mehr Geld für Konsumgüter ausgeben.
- Der Verbraucher wünscht mehr individuelle Beratung statt Massenabfertigung.
- Jugendliche als Kunden werden immer bedeutender und sind durch das Internet immer gut informiert.

Umwelt und Nachhaltigkeit

Nachhaltiger Konsum bedeutet ökologisch, ökonomisch und sozial verantwortlich einzukaufen und zu verkaufen. Kunden achten immer mehr darauf, ob ein Produkt umweltfreundlich produziert wurde. Das geht von der Verpackung (Alternativen zu Plastik) bis zur Zutatenliste von Lebensmitteln. Viele Menschen bevorzugen heute auch vermehrt Bio- und Vegan-Produkte sowie regionale Artikel.

Es gibt Trends und Tendenzen im Einkaufsverhalten der Menschen, die unmittelbaren Einfluss auf Umsätze sowie Warenplatzierungskonzepte im Einzelhandel haben. Der Wunsch des Kunden nach nachhaltigem Einkaufen und Individualisierung wird eine zunehmende Rolle spielen. Einkaufen wird noch persönlicher werden, der Verbraucher noch kritischer und selbstbestimmter. Die ‚Lust am Selbermachen' wird auch nach der Pandemie bleiben. Der Handel muss zur eigenen Marke im Umkreis seiner Käuferreichweite werden, sowohl stationär als auch im Online-Auftritt. Hersteller und Händler müssen mehr zusammenarbeiten, was nur möglich ist, wenn Daten vertraulich ausgetauscht werden.

Erlebnis und Fun

Das wirkt sich heute nicht nur auf die Urlaubs- und Freizeitgestaltungen der Verbraucher aus, sondern bringt auch neue Verbindungen von Einkaufen und Unterhaltung (Entertainment) mit sich. Auch im alltäglichen Einkauf werden heute Erlebnisse, beispielsweise beim Kauf exotischer Früchte oder bei Sonder- und Zweitplatzierungen zu besonderen Ereignissen mit Erlebnischarakter, erwartet. Einkaufen soll Spaß machen.

Markenbewusstsein

Dies basiert auf dem Vertrauen in die Qualität eines Produkts und schließt auch den Wunsch nach einer gesunden Lebensführung ein. Auch bei der jüngeren Generation ist inzwischen ein ausgeprägtes Markenbewusstsein vorhanden, welches durch die Medien aktiv unterstützt wird. Bekannten Marken wird auch heute immer noch eine bessere Qualität als Handels- oder Eigenmarken unterstellt. Dieser Trend ist am deutlichsten bei Lebensmitteln oder auch Elektroartikeln zu erkennen. Selbst wenn die Verbraucher weniger Geld zur Verfügung haben, bleibt ein hohes Markenbewusstsein bestehen.

Der Preis

Die Orientierung durch den Preis zeigt sich im Wachstum der Discounter und wird meist durch ökonomische Zwänge hervorgerufen, aber sie drückt auch aus, dass der Kunde von heute cleverer und aufgeklärter geworden ist und immer mehr als ‚Smart-Shopper' auftritt. Oft wird dieser Begriff in den Medien in Zusammenhang mit dem Begriff 'Rabattjäger' genannt, den es allerdings selten gibt. Der heutige Kunde vergleicht Angebote, was durch das Internet einfacher geworden ist.

Öko, Bio- und Vegan

Begriffe, die noch vor Jahren von vielen Fachleuten belächelt wurden, sind jetzt ein wichtiger Umsatzfaktor im Handel geworden und die Lebensmittelsortimente sind stark gewachsen. Es gibt Bioweine, Bionudeln und sogar im Textilfachhandel hat sich dieser Trend durchgesetzt. Ziel ökologischer Kleidung ist es, Produkte herzustellen, bei denen die Natur so wenig wie möglich belastet wird. Die Stoffe sind pflanzlich, recycelt oder upcycelt. Beim Anbau der Ressourcen für die Fasern wird auf Pestizide verzichtet.

Der Kunde gibt gern mehr Geld für gesunde Produkte aus und achtet weniger auf Einzelpreise und bevorzugt er eine klare Übersicht im Sortiment und deutliche Kennzeichnungen (woher kommt der Artikel, wie ist der Anbau, wer hat geliefert usw.).

Generation-50-plus

Auch ‚Best Ager' wird diese Kundengruppe genannt. Fakt ist, dass im Jahr 2020 ca. 30 Prozent der Bundesbürger über 60 Jahre alt sind. Studien belegen, dass allein die Kaufkraft der 55- bis 70-Jährigen bei ca. acht Milliarden Euro im Monat liegt. Das höchste Nettovermögen sogar bei den über 80-Jährigen (Studie , EVS Destatis' aus ‚Die Welt' vom April 2019). Die Zahl der Älteren wird in den nächsten Jahren noch ansteigen, was eine neue Herausforderung für den Einzelhandel bedeutet,

dem sich hier zusätzliche Umsatzchancen bieten. Ältere Kunden wollen sich mehr gönnen und das Einkaufen wird oft zu einem größeren Erlebnis als bei den Jüngeren. Diese Personengruppe achtet auch besonders auf Qualität. Das bedeutet

- Freier, rutschfester Zugang in das Geschäft, keine Stolperfallen.
- Gute Erreichbarkeit der Waren, Verkaufsregale sollten nicht über 1,80 Meter hoch sein
- Intensivere und mehr helle Farben sowie gutes Licht einsetzen. Gilt für alle Altersgruppen.
- Preisauszeichnung klar erkennbar. Lesehilfen anzubieten wäre ein guter Service.
- Hohe Sortimentsqualität, Premiumprodukte auffällig platzieren.
- Gesunde Produkte (Bio) mehr in den Vordergrund stellen.

Kunden mit Migrationshintergrund

Deutschland hat aktuell (Stand 2020) ca. 18,6 Millionen Mitbürger mit einem Migrationshintergrund. Diese Menschen verfügen ebenfalls über eine große Kaufkraft, haben aber auch unterschiedliche Kaufgewohnheiten.

Das größte Problem bei allen Verkaufsgesprächen besteht hier manchmal in der Verständigung. Viele dieser Mitbürger sprechen nur sehr wenig oder auch gar kein Deutsch. Sie sind deshalb unsicher und dadurch manchmal auch misstrauisch gegenüber dem Verkäufer, was sich verstärkt, wenn schon einmal schlechte Erfahrungen gemacht worden sind.

Sie sollten selbstverständlich als Kunden genauso ernst genommen werden wie jede andere Kundengruppe, keinesfalls darf man sich über mangelnde Sprachkenntnisse lustig machen. Weil sie oft Gewohnheiten aus ihrer Heimat beibehalten möchten, schätzen sie es in der Regel, viele ihrer heimischen Artikel zur Auswahl zu haben. Dies betrifft besonders den Lebensmittelhandel.

- Beziehen Sie die Sinne des Kunden mit ein (Anfassen, Riechen, Probieren usw.).
- Zeigen Sie beim Kassenvorgang auf das Display Ihrer Kasse, um Zahlen verständlicher zu machen. Notfalls schreiben Sie es dem Kunden auf.
- Setzen Sie im Verkaufsraum vermehrt große Hinweisschilder oder Deckenanhänger ein.
- Aufgrund der häufigen Verständnisprobleme bei Ausländern können Sie als Verkäufer natürlich ganz besonders mit zwei Dingen bei ihnen punkten: Fremdsprachenkenntnisse und eine übereinstimmende Körpersprache.
- Schon eine freundliche Begrüßung in der jeweiligen Muttersprache wird gerne gehört und geschätzt. Wenn die Kommunikation schwerfällt, wird die Körpersprache besonders wichtig. Gelingt es Ihnen nicht, sich mit einem Kunden zu verständigen, sollten sie unbedingt einen anderen Mitarbeiter zu Hilfe holen.

Single-Haushalte

In den vergangenen zwanzig Jahren ist die Anzahl der Single-Haushalte in Deutschland kontinuierlich gestiegen. Besonders der Männeranteil bei den jüngeren Singles (bis 49 Jahre) ist auffällig hoch. Im Jahr 2020 gab es in Deutschland ungefähr 16,48 Millionen Einpersonenhaushalte.

Auch der Anteil der Ein-bis-Zweipersonenhaushalte wird nach Aussage vieler Prognosen noch ansteigen. Auch ein Grund für den Händler, sich damit näher zu beschäftigen, da diese Kunden meist auch mehr Geld zur Verfügung haben als eine mehrköpfige Familie. Dadurch spielt der Preis häufig eine untergeordnete Rolle.

Optisch gute Regalplatzierungen sprechen den Single eher an. Artikel in Kleingebinden oder Kleinpackungen sollten verstärkt im Angebot sein. Einkaufskörbe an mehreren Stellen im Markt sind hilfreich, denn viele Kunden betreten einen Markt ohne Korb oder Wagen. Der psychologische Effekt ist, dass ein Kunde mit einem Einkaufskorb mehr einkauft als der Kunde ohne Korb. Das Bereitstellen von kleineren Einkaufswägen oder Einkaufskörben steigert immer den Zusatzumsatz.

Jugendliche Kunden

Besonders Kinder und Jugendliche sind für den Handel in mehrfacher Hinsicht eine interessante Kundengruppe. Sie beeinflussen häufig die Kaufentscheidungen ihrer Eltern und sind die Kunden der Zukunft. Sie verfügen schon heute über

eine enorme Kaufkraft. Eine Studie (Trend Tracking Kids) hat ergeben, dass die 6 bis 19-jährigen Kinder und Jugendlichen über ein Ausgabenvolumen von fast 19 Milliarden Euro verfügen.

Umgerechnet ist davon auszugehen, dass jeder Jugendliche im Durchschnitt fast 100 Euro monatlich zur Verfügung hat. Diese Summe wird zu einem großen Teil für Süßigkeiten, Fast Food, Elektronikzubehör und Musik oder für ein Hobby ausgegeben.

Je jünger die Kunden sind, umso mehr greifen sie nach farbigen oder auffälligeren Artikeln, besonders Artikel unter fünf Euro haben sie im Blick. Platzieren Sie Kleinartikel nicht zu hoch, sodass auch Kinder Zugriff haben. Bieten Sie Events und Aktionen besonders für junge Leute an. Behandeln Sie Jugendliche und Kinder immer wie Erwachsene (‚Sie' anstatt ‚Du') und nutzen Sie Unwissenheit niemals aus.

Generation Y

Die Generation Y, auch ‚Millenials' genannt, ist im Zeitraum zwischen 1980 und den späten 1990er-Jahren geboren. Sie ist der erste Jahrgang, der mit der digitalen Technik aufgewachsen ist. Diese Generation hat meist ein gutes Grundverständnis von Technik und im Umgang mit dem Internet und ist auch deshalb auf dem Arbeitsmarkt begehrt.

Sie möchte sich eher selbst verwirklichen und ist immer auf der Suche nach sinnvolleren Lebensinhalten. Ihr Einkaufsverhalten zeigt, dass sie besonderen Wert auf Geschäfte im Handel legen, die auch etwas Besonderes bieten und aufzeigen. Sie suchen eher nach Sortimenten, die nicht jeder hat, z.B. ausländische Waren, vegane Artikel oder allgemein neue Trendartikel. Interessant ist auch der Aspekt, dass diese Generation insbesondere auf Flexibilität und Abwechslung achtet.

Diese Einstellungen haben damit zu tun, dass sie in einer Zeit aufgewachsen sind, in der Gleichberechtigung ein wichtiges Thema ist und auch die Stellung der Kinder hat sich im Vergleich zur früheren Gesellschaft deutlich gewandelt.

Generation Z

Eine wichtige Käuferschicht im Einzelhandel ist die sogenannte ‚Generation Z', auch Post-Millenials genannt. Dazu werden diejenigen gerechnet, die ungefähr von 1997 bis 2012 geboren sind. Also die erste Generation, die mit dem Smartphone aufgewachsen ist und sich ein Leben ohne Internet nicht vorstellen kann.

Wie das Statistische Bundesamt (Destatis) zum Internationalen Tag der Jugend am 12. August 2020 mitteilt, waren von den 83,2 Millionen Menschen, die zum Jahresende 2019 in Deutschland lebten, 8,5 Millionen Menschen im Alter zwischen 15 und 24 Jahren. Die jungen, ab Mitte der 1990er-Jahre geborenen Menschen machten damit einen Anteil von 10,3 Prozent an der Gesamtbevölkerung aus.

Das Klischee, dass Jugendliche ausschließlich auf Social Media abfahren und sich nicht um ihre Zukunft scheren, ist falsch. Das Einkaufserlebnis und die Ware vor dem Kauf anfassen zu können, bleibt auch für die Generation Z wichtig. Doch man wird sie kaum ohne Handy im Laden antreffen. Während sie das Produkt ansehen, recherchieren sie, ob es dasselbe irgendwo billiger gibt oder senden dem Freund ein Foto mit der Bitte um dessen Meinung. Bewertungen im Internet spielen ebenfalls eine größere Rolle als bei älteren Generationen.

Deshalb ist für den Händler wichtig, in vielen sozialen Medien vertreten zu sein. Unpersönliche oder ‚nervtötende' Werbung kommt bei der Generation Z gar nicht positiv an. Der Handel sollte eher auf bekannte Influencer aus den sozialen Netzwerken setzen oder selbst Medien wie Youtube für Eigenwerbung nutzen.

Im Supermarkt bevorzugt die Generation Z Selbstbedienungskassen, informative Touchpoints und auch das kontaktlose Bezahlen. Die beliebtesten Zahlungsmethoden waren hier Apple Pay, PayPal und die Kreditkarte.

Junge Menschen stellen sich noch weniger gerne in Warteschlangen an Kassen an, als ältere Kunden. Für die Generation Z ist der Erlebniseinkauf ein wichtiger Punkt im stationären Handel. Das gemeinsame Bummeln mit Freunden ist oft wichtiger als der Einkauf selbst.

Besonders interessant sind Neuheiten oder neue Konzepte. Hier spielt auch die auffällige Warenpräsentation eine große Rolle, Erlebnis- und Themenplatzierungen liegen auch hier im Trend. Kommunikation mit dem stationären Handel ist gefragt, deshalb sind Kundenumfragen und Meinungsforschung gute Mittel, um diese Kundenschicht in das Geschäft zu locken. Dabei muss der Händler eine perfekte Mischung aus Nähe und Distanz finden.

Die Generation Z neigt mehr zu Spontankäufen als andere Käuferschichten. Auch hier kann der Fachhändler mit guten und auffälligen Sonder-und Aktionsaufbauten punkten. Eine gute Idee: Der Händler macht eine Rabattaktion auf seiner Internetseite und der Kunde kann den Rabatt nur einlösen, wenn er das Geschäft besucht. So sind auch Internetkunden eher an den stationären Handel zu binden. Verkaufsschwächere Tage können gestärkt werden, wenn die Rabattaktion an einem bestimmten Tag einzulösen ist. Zusätzliche Serviceangebote, die den Einkauf erleichtern, kommen bei dieser Generation ebenfalls sehr gut an, ebenso freies WLAN, Rabatt bei Mengenkäufen, Gastronomie im Markt oder zumindest eine kleine Ruhezone.

Die Generation Z ist beim Einkaufen sehr anspruchsvoll, sie verlangt nach individualisierten Produkten, will aber auch unkompliziert einkaufen. Werbung spielt nur dann eine große Rolle, wenn sie humorvoll und aussagekräftig ist.

Aktuelle Trends

Event-Shopping ist das aktuelle Motto im Handel. Dieser Trend wird als ‚Schnäppchentage' unter Bezeichnungen wie beispielsweise Black Friday, Cyber Monday, Single Day und ähnlichen Namen angeboten. Der Kunde soll mit solchen Rabattaktionen gezielt gelockt werden.

Ebenfalls im Vormarsch ist der Do-it-yourself-Trend; der Verbraucher handwerkt wieder selbst nach dem Motto ‚Selbstverwirklichung durch Selbermachen'.

‚Cashfree Retail', das Bezahlen im Vorbeigehen wird wichtiger werden. Der Kunde will mehr Zeit zum Einkaufen haben, und das Bezahlen muss schnell gehen. Spätestens mit Apple Pay und Amazon Go ist das Bezahlen ohne Bargeld oder Karte zum Trend geworden, verstärkt noch durch die Pandemie.

Innovation bei den Händlern wird wichtig werden, um sich vom Internet und auch vom Wettbewerber zu unterscheiden. Nachhaltigkeit (Bio, Fairtrade, Unverpackt) ist ein zunehmender Trend. Wo kommen die Produkte her, wie ist der Ablauf der Herstellung, wie hoch ist der Einsatz von Plastik und die Sicherheit der Arbeitsplätze sind Themen, die eine immer größere Rolle spielen werden. Der Handel wird also noch intensiver auf die Wünsche und Bedürfnisse der Kunden eingehen müssen.

- Regional geprägte Tiernahrung, gesunde Snacks, per App steuerbare Aquarien und orthopädische Betten für Hunde.
- Nachhaltige Herkunft der Produkte und klimaneutrale Produktion.
- Umsatzsteigerungen 2020/21 waren bei Snackartikeln für die Katze und Hund sowie Spielzeug, dieser Trend wird anhalten.
- In 47 Prozent aller Haushalte gibt es zumindest ein Tier. Zuwächse während der Corona-Pandemie waren 1,3 Millionen Tiere.
- Aquascaping – Das Aquarium als Abbild der Natur.

Optik und Warenpräsentation

Der erste Eindruck

Die Fassade wird geprägt von Schaufenster, Eingangsbereich und den Außenplatzierungen. Dazu gehören auch Vordächer, Schriftzüge und Dekorationen sowie die Leuchtwerbung – sofern vorhanden. Eine Fassade hat auch eine Signalfunktion und kann dem Kunden schon aus der Entfernung durch Farben und Formen aufzeigen, was ihn im Inneren erwartet. Das ist besonders deutlich zu erkennen, wenn man einen Discounter mit einer Kaufhausfassade vergleicht.

Der Firmenschriftzug oder das Firmenlogo ist wichtig, da es dem Betrieb ein Außenprofil gibt. Besonders wirkungsvoll ist es, wenn das Firmenlogo originell oder ausgefallen ist und auch eine ausreichende und gute Beleuchtung hat.

Der Eingang

Der Eingang ist der Willkommensgruß an den Kunden und ist unter anderem entscheidend, dass Passanten zu Kunden werden. Deshalb geben Sie diesem Bereich eine besonders hohe Aufmerksamkeit.
Er sollte:

- Einladend und leicht zu betreten sein, ohne lästige Stolperfallen.
- Die Kunden anlocken und ermuntern, das Geschäft zu betreten, die Schwellenangst nehmen und ein Gefühl der Sicherheit geben.

- Keine Kanten und Stufen sollten den Weg ins Geschäft erschweren.
- Die Eingangstür sollte durchsichtig sein und leicht zu öffnen, wenn es keine Automatiktür ist. Wenn möglich die Eingangstüren immer offen halten, das wirkt einladend.
- Der Kunde darf keinen Kaufzwang erkennen und sollte die Wahl seines Weges frei entscheiden können.
- Auf den ersten Metern können Mitnahmeartikel platziert sein, hier eignet sich der Windfangbereich.
- Der Kunde soll emotional begeistert werden, wenn sogenannte Stoppeffekte eingesetzt werden. Schön ist es, wenn im Eingangsbereich eine besonders auffällige, meist zur Jahreszeit passende Präsentation gezeigt wird, hier zählt die einladende Atmosphäre.
- Das Licht im Eingangsbereich sollte immer heller sein, als im übrigen Laden. Der Kunde kommt von außen und braucht einige Zeit, bis sich seine Augen an veränderte Lichtverhältnisse gewöhnt haben.

Das Schaufenster

Das Schaufenster ist die Visitenkarte und der sogenannte Türöffner des Betriebes. Es kann ganz unterschiedlich gestaltet sein.

Grundregeln:

- Das Schaufenster stellt den ersten wichtigen Kontakt zum zukünftigen Kunden dar. Je höher der Impulsanteil des Sortiments ist, desto wichtiger ist die Schaufenstergestaltung.

- Ein freier Blick von außen in den Innenraum ist sinnvoll.
- Das Fenster soll beim Betrachter Emotionen wecken (Spannung, Überraschung, Luxus, Originalität).
- Ein Schaufenster muss regelmäßig neu dekoriert werden, damit kein Gewöhnungseffekt auftritt. Regelmäßig den Abverkauf überprüfen (14-tägig).
- Beleuchtung, auch am Tag, ist wichtig, weil es sonst im Vergleich zur Umgebung zu dunkel ist.
- Die Preisauszeichnung (Preisauszeichnungsverordnung) muss korrekt, lesbar und vollständig sein.
- Den Blickfang nie genau in die Mitte platzieren.
- Nicht zu viel Ware präsentieren, 50 Prozent Ware – 50 Prozent Dekoration.

Im Übersichtsfenster sieht man einen guten Überblick über das gesamte Sortiment oder auch das Gesamtsortiment eines einzelnen Markenherstellers.
Das Plakatfenster zeigt eine kleine Warengruppe, meist von einem einzelnen Hersteller.
Das Stapelfenster bietet große Mengen einer Warengruppe in hohen Stückzahlen an.
Das Themenfenster ist ein Emotionsfenster, das dem Betrachter Lust macht, den Laden zu betreten. Hier werden Waren gezeigt, die in einem direkten Verwendungszusammenhang stehen. Beispielsweise eine Kaffeemaschine mit Kaffee, Kaffeefilter, Tassen und anderen passenden Artikeln oder auch zu Jahreszeiten, Festen etc.

Der Außenbereich

Die Warenpräsentation fängt bei vielen Geschäften schon vor dem Betrieb an. Denken wir nur an große Baumärkte, Gartencenter oder häufig auch Drogeriemärkte. Auch hier kommt es auf einen guten ersten Eindruck an. Ist der Außenbereich schmuddelig oder unübersichtlich, werden viele Kunden zögern, das Geschäft zu betreten.

Halten Sie saubere und ausreichend große Mülleimer im Außenbereich bereit. Dazu gehören auch Kundenaschenbecher (großer Topf mit Sand), viele und gepflegte Parkplätze soweit das baulich möglich ist. Beim Zoogeschäft gehört natürlich auch ein Wassernapf für Tiere dazu.

Saubere, leicht fahrbare Einkaufswagen und -körbe sollten zur Verfügung stehen sowie ein Fahrradständer. Bepflanzungen im Außenbereich sind attraktiv, aber nur wenn sie gepflegt werden.

Außenplatzierungen werden möglichst diebstahlsicher befestigt. Angeboten werden hier Artikel, die schnell mitgenommen werden oder die ein hohes Gewicht haben (Blumenerden, Streusalz, Motorgeräte, Hamsterkäfige o.ä.).

Beleuchtung

Im Ladenbereich sind vom Gesetzgeber mindestens 300 Lux vorgeschrieben, im Kassenbereich sogar 500 Lux. Dabei können einzelne Bereiche des Ladens unterschiedlich hell sein (siehe auch Arbeitsschutzgesetz und Arbeitsstättenschutzverordnung). Welche Beleuchtung eingesetzt wird, hängt auch immer von den Zielen ab. Bei Artikeln für den täglichen Bedarf (Lebensmittelmarkt oder Drogerie) sollte mehr auf eine ausreichende Grundbeleuchtung geachtet werden. Wenn hochwertigere Artikel angeboten werden (Mode, Schmuck, Parfüm) bieten sich Akzentbeleuchtungen eher an. Entscheidend ist: Das Licht sollte immer eine positive Wirkung und Stimmung erzeugen.

Das Ziel jeder Beleuchtung in einem Geschäft ist es, die Warenwirkung zu erhöhen. Es sollte immer eine Inszenierung stattfinden, vor allem, wenn besondere Aktionen, Sortimente oder Werbung, herausgestellt werden sollen.

Licht zum Sehen

Diese Art von Licht wird in der Regel als Grundbeleuchtung im gesamten Betrieb eingesetzt. In Supermärkten, Baumärkten oder in den Discountern wird diese Grundhelligkeit meist mit Neonröhren erzielt.

Licht zum Hinsehen

Hier soll der Blick des Kunden auf bestimmte Artikel oder Objekte gelenkt werden, Wareneigenschaften wie Form oder Art können besonders in Szene gesetzt werden. Meist wird dies mit besonderen Strahlern oder Spotlights unterstützt, die immer heller sein sollten als die Grundbeleuchtung.

Licht zum Ansehen

Hierbei wird die Beleuchtung zum Gegenstand der Wahrnehmung für den Kunden. Es werden Laufbilder, sich bewegendes Licht oder auch Fernsehmonitoren eingesetzt, besonders gut einsetzbar, wenn Schaufenster hervorgehoben werden sollen. Diese Art der Beleuchtung wird auch Akzentbeleuchtung genannt. Je stärker der Kontrast, desto besser und wirkungsvoller der gewünschte Effekt.

Kundenlauf und Warenplatzierung

Als Kundenlauf wird der Weg bezeichnet, den die Kunden im Verkaufsraum zurücklegen. Die Kundenlauf-Führung hat großen Einfluss auf das Einkaufserlebnis und die Zufriedenheit der Kunden. So werden je nach Einkaufsart kürzere oder längere Wege durch den Betrieb bevorzugt. Um die optimale Kundenlaufführung zu gestalten, ist es wichtig, welche Faktoren der Kundenlaufwege das Erleben der Kunden beeinflussen.

- Was kauft der Kunde
- In welchen Mengen kauft er ein
- Benutzt er beim Einkauf einen Einkaufszettel
- Wie lange hält er sich im Geschäft auf
- Wie ist seine Reaktion auf Aktions- und Sonderangebote
- Welchen Weg nimmt er im Geschäft
- Kauft er mehr ein, je länger er im Geschäft verweilt
- Was stört ihn am meisten im Geschäft

Oft machen auch eigene Kundenumfragen Sinn und sind eventuell aussagekräftiger als allgemeine Studien. Grundsätze, die durch zahlreiche Studien und Untersuchungen nachgewiesen worden sind und auch als gesichert gelten, sind unbedingt zu beachten, bevor überhaupt mit der Platzierung von Sortimenten oder Produkten im Geschäft begonnen werden kann:

- Der Eingangsbereich, scherzhaft ‚Rennstrecke' genannt, weil Kunden beim Betreten eines Geschäftes meist eine höhere Gehgeschwindigkeit aufweisen. Dadurch beachten sie die Platzierungen auf den ersten Metern weniger.
- Über 70 Prozent aller Kunden sind mehr rechtsorientiert und so ist auch ihre Laufbewegung. Sie blicken und greifen bevorzugt nach rechts und beachten dadurch auch diese Angebote mehr.
- Kunden machen ungern Kehrtwendungen und landen nicht gerne in Sackgassen.
- Bei langen Gängen geht man schneller, deshalb sind Gangkreuzungen zur Unterbrechung sinnvoll.
- Kunden meiden dunkle Ladenbereiche.
- Eckbereiche werden meist ausgespart, da Kunden den kürzesten Weg durch ein Geschäft vorziehen.
- Flächen, auf die der Kunde automatisch zuläuft, sind verkaufsaktiv und werden stark beachtet.
- Wenn die Gänge zwischen den Verkaufsregalen zu breit sind, erhöht sich auch die Gehgeschwindigkeit der Kunden.
- Der Kassenbereich ist eine besondere Ladenzone. Hier wird der Kunde unerfreulich oft durch Wartezeiten gebremst.
- Untere und obere Stockwerke werden weniger besucht.
- Warenpräsentationen an Wänden, auf welche die Kunden zulaufen, werden eher stark beachtet.

Verkaufsaktive Ladenzonen sind also Geschäftsbereiche, in die der Käufer automatisch gehen wird. Die rechts vom Kundenstrom stehenden Präsentationsflächen, also alle rechts stehenden Wandregale, Gondeln und Zweitplatzierungen die Kopfseiten der Gondeln (hier werden heute immer noch traditionell Angebote platziert), werden stärker beachtet als der Warenträger selbst. Flächen, auf die der Kunde beim Richtungswechsel automatisch blickt und zugeht sowie Platzierungen in Gangkreuzungen. Die Kassenzone eignet sich für Impulskäufe unter 5,00 Euro und der Eingangsbereich; die Rolltreppe für schnelle Mitnahmeartikel zum niedrigen Preis.

Verkaufsschwache Ladenzonen sind darüber hinaus das Umfeld von stark besuchten Bedienungsabteilungen, wo häufig Einkaufswagenparkplätze das Angebot verdecken und die Gehgeschwindigkeit nach längerer Wartezeit automatisch schneller wird; der Bereich vor Treppen, Rolltreppen und Aufzügen (s.o.), weil die Konzentration auf das Betreten der Treppen usw. gerichtet ist.

Warenträger

Sie sollten nie so aufgestellt werden, dass die Kunden in Richtung bestimmter Gänge gezwungen werden. Ein altes Merchandising-Gesetz lautet: nicht zwingen, sondern locken! Warenständer gibt es in unterschiedlichen Materialien, am häufigsten verwendet werden Kunststoff, Holz, Aluminium, Edelstahl oder Acrylglas. Zu den Warenträgern gehören:

- Warenpräsentationssysteme verschiedener Hersteller
- Kartenhänger und -ständer
- Zeitungsständer
- Podeste und Verkaufsschütten
- Verkaufsdisplays (vom Hersteller als Aktion)
- Brillen-, Hut-, Schuhständer, etc.
- Textilpräsenter für Arbeitshandschuhe
- Konfektionsständer für Kleidung (Reitsport, Garten, Arbeitssicherheit usw.)
- Aktions- bzw. Wühlkörbe

Gut geeignet sind Warenträger, die mühelos umzustellen sind. Die meisten Warenträger sind Wand- und Mittelregale. Wandregale sind nur von der Vorderseite zugänglich und auch für Hängeware einsetzbar. Mittelregale stehen frei und sind von allen Seiten begehbar.

In den meisten Geschäften werden Waren nach Arten oder Produktgruppen angeboten. Hierbei ist es wichtig, eine saubere und deutliche Beschilderung anzubringen. Hinweisschilder dienen der Orientierung und dem leichten und schnellen Auffinden einzelner Bereiche. Plakate oder auch großformatige Produktfotos, die auf die verschiedenen Warengruppen oder Abteilungen im Markt hinweisen, helfen dem Verbraucher, sich schneller zurechtzufinden. Die Orientierung erfolgt immer mehr durch Bildzeichen, farbliche Markierungen oder große Produktfotos an Rückwänden. Im Textilfachhandel auch ‚Key Visuals' genannt. Neben den Produktgruppen werden auch Gruppen zu bestimmten Anlässen gebildet. Sie fassen alles – meist unter einem Motto für den Bedarf zusammen, und werden Verbundplatzierung genannt.

Bei den Regalen ist eine häufige Frage: Längsreihen oder Querreihen? Wichtig ist es vor allem, keine Barrieren aufzubauen. Der Kunde sollte immer die Möglichkeit haben, bis nach hinten problemlos durchzugehen zu können. In der Querplatzierung sind die Warenträger kürzer. Dadurch wirkt die gesamte Warenpräsentation übersichtlicher. Dies führt auch zu einer höheren Verweildauer der Kunden. Die Verweildauer wird bei Handelsbetrieben im Regelfall durch Kundenlaufstudien erhoben. Dabei kontrollieren als Mitarbeiter getarnte Beobachter Wege, Warenkontakt und Kauf des Kunden. Am Ende des Einkaufs wird der Kunde um Zustimmung zur Nutzung der erhobenen Daten gebeten. Alternativ bieten sich elektronische Erfassungssysteme an. Hierbei wird der Lauf des Kunden über Sendevorrichtungen am Einkaufswagen oder vom Kunden zu tragende Minisender und an der Decke angebrachte Empfänger aufgezeichnet.

Bei Längsreihen ist es wie in einem Tunnel, der Kunde geht hier schneller und übersieht dadurch vieles. Besser ist es also, Wege offen zu halten und das Tempo der Kunden zu verringern. Dies ist durch Unterbrechungen bei einer Längsreihe zu erreichen. Es wirkt auflockernder, alle drei bis fünf Meter einen Durchgang zu lassen. Bei dieser Platzierung kann auch der Betrieb vom Personal besser überblickt werden, wodurch Ladendiebstähle schneller entdeckt werden können

In den meisten Unternehmen gilt der Grundsatz: Je umsatzstärker eine Warengruppe, desto eher kann sie auf einem schwachen Platz platziert werden, je umsatzschwächer desto eher muss sie auf einem starken Platz stehen.

Gut zu erkennen ist dieses Prinzip im Lebensmittelhandel. Starke Warengruppen wie Obst und Gemüse, Fleisch, Wurst, Fisch, Käse, Molkereiprodukte, alkoholfreie Getränke werden nicht unbedingt an den verkaufsstärksten Stellen platziert. Mit solchen Artikeln kann man die Verbraucher erfolgreich an die Stellen lenken, die seltener besucht werden.

Es wird aber manchmal auch abhängig vom individuellen Verhalten der Kunden sein: Je häufiger die Kaufentscheidung für eine Warengruppe getroffen wird, desto eher muss sie auf verkaufsstarken Plätzen präsentiert werden. Je häufiger die Kaufentscheidung bereits außerhalb des Geschäftes getroffen wird, desto eher kann eine Gruppe auf einem verkaufsschwächeren Platz angeboten werden.

Zudem sollte das **Arenaprinzip** beachtet werden, ein Begriff aus dem ‚Visual Merchandising' und dem Ladenbau im Einzelhandel. Es besagt, dass die Warenträger, die sich am Hauptgang eines Shops oder Ladengeschäftes befinden, grundsätzlich niedriger sein sollen als die nachfolgenden Warenträger, die vor den Rückwänden stehen. Die Ware wird also ansteigend präsentiert. So hat der Kunde über die terrassenförmige Anordnung der Regale immer einen guten Überblick.

Sonderplatzierung

Je attraktiver das Angebot, desto eher kann es auf einem verkaufsschwachen Platz präsentiert werden, vor allem dann, wenn der Artikel auch noch in einem Handzettel oder Werbeflyer beworben wird.

Je weniger der Verbraucher den Kauf geplant hat, desto eher muss das Angebot auf einem verkaufsstarken Platz ins Auge fallen. Sinnvoll ist es, wenn Angebotsartikel immer auf einem festen Platz präsentiert werden und nach Verbundgruppen geordnet sind. Wenn beispielsweise Hundekörbe im Angebot sind, sollte auch Zubehör wie Hundedecken oder Leckerlis daneben stehen. Auch Gondelköpfe (Ende einer Regalreihe) eignen sich für feste Angebotsplätze.

Der Kunde sollte schnell und umfassend die Information erhalten, wo sich welche Ware befindet. Je stärker der Selbstbedienungsanteil ist, desto wichtiger ist die Wertigkeit einer Markierung: Einfache Formen, von Weitem erkennbar, auffällige Gestaltung, das Erkennungsmerkmal für Abteilung oder Sortiment .

Das MIMI-Prinzip (Magnetgruppe, Impulsgruppe).
Magnetgruppen sind umsatzstarke Warengruppen, die geplant gekauft werden, wohingegen die Waren aus Impulsgruppen spontan mitgenommen werden (z.B.

Snackartikel für Tiere). Ziel dieses Prinzips ist es, Abwechslung in das Angebot zu bringen, sodass abwechselnd auf eine Magnetgruppe eine Impulsgruppe folgt.

Die Landmarkierung

Darunter versteht man Begriffe, Farben etc., die sofort mit einer Stadt oder Region verbunden werden (z. B. Weiß-Blau für die Weißbierplatzierung).

Shop in the shop

Hier werden vorrangig Waren angeboten, die sich vom übrigen Sortiment abheben, z.B. Modeschmuck im Bekleidungsgeschäft. Der Trend geht seit Jahren zum Markenshop, weil viele Kunden beim Einkauf ihre Lieblingsmarken suchen.

Umsatzstarke und -schwache Tage

Es spielt eine wichtige Rolle, an welchen Tagen eine Aktion durchgeführt und welche Ziele damit verfolgt werden sollen. Will ich an umsatzschwachen Tagen meinen Umsatz erhöhen oder will ich starke Umsatztage für zusätzliche Kunden nutzen? Nach einer Konjunkturumfrage des HDE (Hauptverband Deutscher Einzelhandel) verteilen sich die Umsätze der Kunden wie folgt:

23 Prozent des Wochenumsatzes werden im Einzelhandel am Samstag erzielt, nur 13 Prozent am Dienstag und Mittwoch. Freitags sind es 19 Prozent und am Donnerstag 15 Prozent. Am Samstag erzielt der Einzelhandel damit über 50 Prozent mehr Umsatz als im Durchschnitt der anderen Wochentage.

Die Top 5 der geschäftsreichsten Einkaufstage 2019 in Deutschland (Quelle: IT4 Retailers)

1. 14. Dez 2019, der vorletzte Samstag vor Weihnachten
2. 21. Dez 2019, der letzte Samstag vor Weihnachten
3. 7. Dez 2019, der erste Samstag im Dezember
4. 30. Nov 2019, Black Friday, ein Samstag
5. 28. Dez 2019, Samstag nach den Weihnachtsfeiertagen

Displays und Dekomaterial

Displays werden in der Regel vom Hersteller (oft mit Aktionspreis oder neuen Artikeln verbunden) angeboten. Sie sind einfach aufzubauen und auf den Artikel zugeschnitten. Aber Vorsicht, der Verbraucher schätzt es nicht, wenn das Geschäft mit Werbung überladen ist.

Ein Display sollte

- zur Branche, Ware und zum Niveau des Geschäftes passen
- farblich gut abgestimmt sein
- dem Zeitgeschmack entsprechen
- die Werbeaussage des Herstellers unterstützen
- keinen übermäßigen Platz beanspruchen
- genügend Ware aufnehmen und leicht zu bestücken sein
- aus robustem, standsicheren Material bestehen

Zum Dekorationsmaterial gehören Attrappen, Bilder, Fotoposter, Modepuppen, Schilder usw. Wichtiger Grundsatz auch hier ‚Weniger ist mehr. Große Betriebe haben oft einen festen Mitarbeiter, der die Dekoration im Verkaufsraum und Schaufenster betreut.

Der Handel kann den Kunden dazu verführen, die Packungsgröße zu kaufen, die dem Handel den größten Nutzen bringt. Und dies ist meist die Packung mit dem größten Inhalt. Werden die verschiedenen Packungsgrößen eines Artikels übereinander platziert, so gehören die Packungsgrößen, die forciert werden sollen, auf den Regalboden mit höherer Wertigkeit. Artikel mit geringem Umsatz werden im unmittelbaren Umfeld von Artikeln mit hohem Umsatz platziert. Dies ist besonders in Wandkühlflächen für Molkereiprodukte zu beobachten. Die umsatzstärksten Artikel wie Milch, Butter und Margarine werden jeweils an die entgegengesetzten Außenflächen platziert. Mit weiteren umsatzstarken Magnetartikeln werden Impulszonen geschaffen, die dazu führen, dass der Verbraucher ‚wellenförmig' die gesamte Kühlfläche ansieht.

Dadurch haben fast alle Artikel eine Chance, gesehen zu werden. Dieses Prinzip lässt sich auf jeden Warenträger übertragen. Für umsatzschwache Teilsortimente gilt: Grifflücken lassen. Kunden haben oft Scheu davor, bei zu vollen Regalen zuzugreifen. Vor allem gilt dies für Artikel, die noch keine so hohe Akzeptanz haben.

Warenträger sollten nicht zu vollgepackt werden (Lücken lassen), damit der Eindruck entsteht, es wurde schon gekauft.

Die Stammplatzierung

Eine kundengerechte Regalplatzierung fördert den Umsatz und die Kundenzufriedenheit. Dies gilt besonders für Kunden, die schnell einkaufen möchten und keine lange Beratung wollen. Der meiste Umsatz wird dadurch gemacht, dass der Kunde die Ware fast immer – außer bei Aktionen – an demselben Platz vorfindet. Viele Studien besagen, dass ca. 70 bis 80 Prozent des Umsatzes über die Stammplatzierung im Regal erreicht werden. Dazu kommen jährlich Tausende neuer Artikel auf den Markt. Deshalb ist es von besonderer Wichtigkeit, dass die Stammplatzierung eines Produktes auch dementsprechend gepflegt und behandelt wird.

Die Wahrnehmung des Kunden

Der Kunde sieht, was schnell und mühelos zu erkennen ist:

- Die optimale Wahrnehmung des Verbrauchers liegt bei ca. 165 cm in der Höhe.
- Die optimale Blickfeldbreite liegt bei 60 bis maximal 100 Zentimetern.
- Der Blick nach unten ist größer als nach oben.
- Die Blickrichtung bewegt sich fast immer von der Mitte zur rechten Seite eines Regals.
- Der Orientierungsblick ist horizontal.
- Der Suchblick nach einem Artikel ist vertikal.
  Bereiche des Regals:
  Sichtzone = Rang 1
  Griffzone = Rang 2
  Bückzone = Rang 3
  Reckzone = Rang 4

Die **Sichtzone** ist die umsatzstärkste Regalzone, die direkt im Blickfeld des Kunden liegt. Die **Reckzone** ist am umsatzschwächsten, weil sie für kleine Menschen oft schwerer erreichbar ist. Die Sicht- und Griffzone wird auch ‚Hot Spot' genannt, weil dort die höchsten Umsätze erzielt werden.

In der Sichtzone finden wir:

- Neue Artikel eines Herstellers
- Artikel mit hoher Nettospanne oder Stücknutzen
- Förderungswürdige Artikel, z.B. Handels- und Eigenmarken, auch wenn der Deckungsbeitrag knapp kalkuliert ist
- Artikel, die im Trend liegen oder gerade in der TV-Werbung, Printwerbung, Funkspots oder Werbeflyern aktuell sind

Foto: Oase

- Ladenhüter – absatzschwache Produkte, die nicht mehr im Sortiment geführt werden oder nicht mehr hergestellt werden.
- Sollte in einem Sortiment die Förderungswürdigkeit keine Rolle spielen, dann gehören die mittleren Preislagen in die Sichtzone. Diese Artikel sind häufig auch die bekanntesten. Die Signalwirkung auf den Kunden ist hoch. Dadurch wird die hier gesamt platzierte Warengruppe leicht identifiziert.
- Teure und hochwertige Artikel stehen weiter oben, preiswerte und qualitativ geringwertige Artikel gehören nach unten.

In der Bückzone finden wir:

- Große, auffällige und schwere Artikel wie Katzenstreu, Vogelsand oder große Futtersäcke.
- Impulsartikel, die viel verlangt und gekauft werden.
- Artikel mit besonders auffälligem und großem Packungsaufdruck.
- Zerbrechliche Artikel wie große Glasprodukte, damit der Kunden keine Angst hat, das Produkt aus dem Regal zu nehmen.

Platzierungsmöglichkeiten

Horizontale Regalplatzierung

Bei dieser Regalform wird eine Artikelgruppe unabhängig vom Hersteller und der Artikelgröße nebeneinander platziert.

Zone/Höhe über	Artikel	Artikel	Artikel	Artikel
Reckzone 170 cm	Deko Aquaristik	Deko	Deko	Deko
Sichtzone 160 cm	Fischfutter	Fischfutter	Fischfutter	Fischfutter
Sichtzone 140 cm	Fischfutter	Fischfutter	Fischfutter	Fischfutter
Griffzone 120 cm	Fischfutter	Fischfutter	Fischfutter	Fischfutter
Griffzone 100 cm	Leuchten	Leuchten	Leuchten	Leuchten
Bückzone 80 cm	Zubehör	Zubehör	Zubehör	Zubehör
Bückzone 50 cm	Zubehör	Zubehör	Zubehör	Zubehör

Die horizontale Warenplatzierung bietet sich nur dann an, wenn der Warenträger maximal ein bis zwei Meter breit ist. Oft werden in der Praxis gleich große Packungsgrößen verschiedener Herstellerfirmen nebeneinander platziert. Wenn dann noch kleinere Packungsgrößen auf die oberen Regalböden verteilt werden, wirkt ein Regal schnell unübersichtlich.

Noch schwieriger wird es für den Verbraucher, wenn die horizontale Form der Produktpräsentation über ganze Warenträger läuft, also Breiten von drei bis acht Metern. Hier kann sich der Verbraucher nur dann einen Überblick verschaffen, wenn er die gesamte Regalstrecke abgeht. Ein Kunde, der sich bewegen muss, um eine Warengruppe zu erfassen, ist meist ein schlechter Kunde, weil er nur die Produkte kauft, die er sofort sieht. Er konzentriert sich nur auf einen Regalboden und übersieht dabei oft die Sortimente darüber und darunter.

Vertikale Regalplatzierung

Hier kann der Kunde von einem bestimmten Punkt aus die gesamte Warengruppe übersehen.

Zone/Höhe über				
Reckzone 170 cm	Deko	Fischfutter	Leuchten	Zubehör
Sichtzone 160 cm	Deko	Fischfutter	Leuchten	Zubehör
Sichtzone 140 cm	Deko	Fischfutter	Leuchten	Zubehör
Griffzone 120 cm	Deko	Fischfutter	Leuchten	Zubehör
Griffzone 100 cm	Deko	Fischfutter	Leuchten	Zubehör
Bückzone 80 cm	Deko	Fischfutter	Leuchten	Zubehör
Bückzone 50 cm	Deko	Fischfutter	Leuchten	Zubehör

Blockbildung mit Produkten eines Herstellers

Die Blockbildung ist besonders für breitere Warenträger ab etwa zwei Metern geeignet. Der Kunde kann sich schnell einen Überblick verschaffen, da er von oben nach unten das Sortiment oder die Warengruppe sehen kann. Die vertikale Platzierung findet häufig Anwendung, wenn nach Herstellerfirmen oder nach Größen platziert wird.

Nachteilig sind große Lücken, die beim schnellem Abverkauf entstehen können. Hier muss das Personal aufmerksam sein und baldmöglichst nachräumen.

Falsch wäre es allerdings, wenn der Händler bei einem vier Meter breiten Regal verschiedenen Herstellern je einen Meter Platz für ihre Produkte geben würde. Damit würde er sich selbst schaden.

Die Erfolgsplatzierung orientiert sich also auch immer an der Marktbedeutung und dem damit verbundenen Umsatz.

Kreuzblock-Platzierung
Die Kreuzblock-Platzierung ist eine Kombination aus vertikaler und horizontaler Platzierung. Es werden konsumentenlogische Warengruppen gebildet, innerhalb derer dann vertikale Blöcke entstehen können. Die horizontalen Achsen des Kreuzblocks sind Geschmacks- und Verwendungsblöcke und gewährleisten dem Verbraucher dadurch einen einfachen und schnellen Preis- und Artikelvergleich. Durch diese Mischung ist der Kreuzblock für marken- und produktorientierte Kunden ein sinnvolles Konzept.

Beispiel: In der Mitte werden die Artikel des marktführenden Herstellers als Block platziert, die Artikel des zweitstärksten Anbieters in der rechten Regalseite, die übrigen in der linken Regalseite. Oft wird diese Form der Verteilung auch mit farblichen Akzenten oder Zusatzartikeln eingesetzt.

Regalzone/Höhe	**Artikel**	**Preis**
Reckzone 170 cm	Hochpreisige und hochwertige Artikel	28,99 Euro
Sichtzone 160 cm	Artikel mit guter Handelsspanne, mittlerer Preislage, Trendartikel	22,99 Euro
Sichtzone 140 cm	Wie oben	19,99 Euro
Griffzone 120 cm	Wie oben	19,99 Euro
Griffzone 100 cm	Wie oben	15,99 Euro
Bückzone 80 cm	Eigenmarken, günstige Massenartikel, Artikel mit geringer Spanne, niedrigen Verkaufspreisen, schwere Artikel.	Unter 10 Euro
Bückzone 50 cm	Wie oben	Unter 10 Euro

Sowohl für den Handel als auch die Industrie hat der Kreuzblock Vorteile. Dem Personal ist das Einräumen der Ware schneller möglich, weil die Übersichtlichkeit besser gewährleistet ist.

Die horizontalen Herstellerblöcke bekannter Marken innerhalb des Kreuzblocks identifizieren die Warengruppen für den Verbraucher, der sich schneller zurechtfindet. Die Wahrnehmung bekannter Marken durch den Verbraucher fördert die Marken- und Sortimentskompetenz der Vertriebsschiene. Außerdem ist die Integration neuer Produkte hier einfacher als in reinen Produktblöcken, wo es oft Zuordnungsprobleme gibt.

Themenorientierte Platzierungsform
In großen Geschäften (Supermärkte, Warenhäuser, Baumärkte, Gartencenter) wird das Sortiment auch immer öfter nach Themen angeboten, wie: Alles aus der Region, Gutes für Ihr Tier, Mit dem Tier in den Urlaub etc.

Zweit- und Sonderplatzierung

Das Hauptziel von Sonderplatzierungen ist es, die Aufmerksamkeit der Kunden zu lenken, die Artikelkontakte und Verweildauer zu erhöhen sowie einen Kaufimpuls auszulösen. Viele Untersuchungen haben ergeben, dass mehr als 50 Prozent aller Einkäufe ungeplant oder nur vage geplant sind – eine Chance für den Zusatzverkauf.

Bei Zweit- und Erlebnisplatzierungen werden die Artikel auf einem gesonderten Platz und nicht nur im Stammregal angeboten. Dafür eignet sich beispielsweise ein neuer Artikel, der forciert werden soll oder eine gerade beworbene Ware, die in ausreichender Menge vorhanden ist.

Die reine Aktionszweitplatzierung wird neben der Stammplatzierung an anderer Stelle des Geschäftes, meist in einer Bodenplatzierung zum gleichen Preis angeboten. Besonders bei Saisonplatzierungen, wenn Produkte zu bestimmten Saisonzeiten herausgehoben werden.

Daneben gibt es die Dauerzweitplatzierung, bei der das Produkt neben der Stammplatzierung einen weiteren festen Platz in einem anderen Warenträger hat

Bei der Sonderangebotsplatzierung wird ein Artikel beispielsweise in einer Bodenplatzierung, einer größeren Regalplatzierung oder in Tischen und Körben mit reduziertem Preis angeboten. Das Angebot ist meist von kurzer Dauer, zum Beispiel bei aktueller Werbung durch einen Handzettel.

Eine Aktionsplatzierung ist immer zeitlich begrenzt. Typisch ist hierfür die wöchentliche Werbeplatzierung aufgrund eines Handzettels. Bei Frischartikeln (Käse, Wurst, Obst) werden solche Aktionsplatzierungen oft mit einer Verkostung verbunden, was den Erlebnischarakter für den Kunden erhöht.

Wichtig ist natürlich bei jeder Aktion sicherzustellen, dass ausreichend Ware vorhanden ist und ein kompetenter Mitarbeiter die Aktion begleitet. Aktionsplatzierungen sollen neben höheren Umsätzen auch den Kunden veranlassen, im jeweiligen Geschäft öfter einzukaufen. Auch wenn der Ertrag einer Zweitplatzierung häufig geringer sein kann, wird er vielleicht künftig häufiger dort kaufen.

Unnötige Lagerbestände können durch gute Zweitplatzierungen gesenkt werden, was das Geschäftsergebnis positiv beeinflussen wird. Der Umsatz ist besonders von Donnerstag, bis Sonnabend wesentlich stärker als an den übrigen Wochentagen. Durch gezielte Zweit- und Aktionsplatzierungen kann der Umsatz an den verkaufsschwachen Tagen verbessert werden.

Aber auch das verkaufsstarke Wochenende kann für Zusatzumsätze durch Zweitplatzierungen genutzt werden. Untersuchungen zu Aktions- und Zweitplatzierungen sind zu folgendem Ergebnis gelangt:

- Jeder Platz im Geschäft außerhalb eines Regals ist verkaufsstärker als der Platz im Regal.
- Sonderangebote werden eher am Montag, Dienstag und Freitag gekauft. Hierbei spielt eine entscheidende Rolle, wann ein Werbeblatt erscheint. Wird das Flugblatt am Sonntag durch Tageszeitungen oder Mitarbeiter verteilt, kann der Andrang am Montag sehr stark sein.
- Je länger der Kunde im Geschäft verweilt, desto mehr Zweit- und Aktionsware kauft er.
- Fehlende Preisauszeichnungen wirken besonders bei Zweitplatzierungen verkaufshemmend.

Erlebnisplatzierung

Der Kunde erwartet heute im stationären Handel immer öfter etwas Besonderes. Bevor mit der genauen Planung begonnen werden kann, muss sich der Händler darüber klar werden, was er mit der besonderen Präsentation erreichen will. Die Ziele sind fast identisch mit denen der Zweit- und Sonderplatzierung.

- Saisonzeiten für zusätzlichen Umsatz nutzen
- Leistungsfähigkeit herausstellen
- Sich vom Wettbewerb abheben

- Neue Kunden gewinnen
- Atmosphäre im Geschäft aufbauen
- Aufenthaltsdauer der Kunden verlängern
- Zusätzliche Sortimente verkaufen – Zusatzverkauf
- Kunde zu Markenwechsel veranlassen
- Neue Kaufgewohnheiten schaffen
- Kundenlauf lenken

Die Erlebnisplatzierung stellt oft eine Idee wie ‚Sicherheit für Ihr Tier' oder ‚Fit in den Frühling' in den Vordergrund. Hier können auch Food- und Non-Food-Artikel gemeinsam platziert werden. Wir sprechen dann von einer Verbundplatzierung. Dem Kunden wird auf einem Platz alles angeboten, was einen ergänzenden Gebrauchswert hat, wie:

- Nagerfutter, -rad, Wiesenheu
- Vogelkäfig, -snacks, Wassernapf, Stange
- Hundefutter, -decke, -bürste, -shampoo
- Heckenschere, Schutzbrillen, Tragetaschen, Handschuhe

Erlebnisplatzierungen sollten wie bei einer Aktionsplatzierung immer zeitlich begrenzt sein. Die Dauer von einer bis maximal zwei Wochen ist für Kunden annehmbar. Er wünscht sich Abwechslung und nimmt Präsentationen über einen längeren Zeitraum nicht mehr wahr. Das wichtigste ist das Motto oder Thema. Es gibt viele jährliche wiederkehrende Events, die für Erlebnisaktionen gut zu nutzen sind. Aber auch immer eigene Ideen und Themen sind gefragt.

- Sport geht immer (auch regional)
- Weltwassertag am 22. März
- Welttierschutztag (Welttierwoche) am 4.10.
- Weltkatzentag 8. August/Welthundetag am 10. Oktober
- Tag der Familie am 15. Mai/Jugendtag 12. August, Weltkindertag 20.November
- Tag der Offenen Tür z.B. für Schulklassen „Streichelaquarium“ oder „Schautag“
- Blumenmarkt, Adventsmarkt u.a.
- Weihnachten, Ostern, Valentinstag usw.
- Tag der Fische am 22. August
- Kunden-Seminare, Sägen, Teich-, Tierberatung, usw.
- Tag des Gartens am 2. Sonntag im Juni

Kassenplatzierung

Der Kassenplatz hat die höchste Flächenproduktivität und erreicht in manchen Betrieben, besonders in Supermärkten, pro Quadratmeter bis zu 32.000 Euro. Leider sieht ausgerechnet der Kassenbereich unaufgeräumt und unübersichtlich aus, obwohl dies doch der letzte Eindruck ist, den der Kunden von seinem Einkauf mitnimmt.

Das Ziel guter und effektiver Kassenplatzierung sollte sein: Zusätzliche Kaufimpulse beim Kunden auszulösen und ein stimmiges Sortiment auf kleiner Fläche

zu präsentieren ohne dauernd zu stören. Weniger ist auch hier mehr. Da der Kunde an der Kasse seinen Haupteinkauf ja bereits getan hat, muss genau überlegt werden, welche Artikel den Zusatzverkauf wirklich fördern. Artikel, die mehr als 4,99 Euro kosten sind hier schwer verkäuflich. Ausnahme ist ein stark reduzierter Artikel, der z.B. aus dem Sortiment genommen werden soll.

Was nicht sinnvoll, jedoch immer wieder zu beobachten ist, dass ‚Altwaren' oder sogar Artikel mit überschrittenem Mindesthaltbarkeitsdatum hier unter dem falschen Gesichtspunkt ‚An der Kasse geht alles weg' angeboten werden.

Wenn es der Platz erlaubt und Kassendurchgänge nicht versperrt werden, ist es auch umsatzfördernd, besondere Zweitplatzierungen vor der eigentlichen Kassenzone anzubieten. Besonders zur Oster- oder Weihnachtszeit bieten sich Aktionen mit Geschenkartikeln gut an. Artikel, die in der normalen oder wöchentlichen Werbung angeboten werden, sollten besser auf Gondelköpfen oder auf Tischen präsentiert werden. Die Kassenplatzierungen sollten dazu dienen, einen zusätzlichen Impuls auszulösen. Ähnliche Platzierungen sind auch hinter der Kassenzone möglich, dabei muss aber der Kassenmitarbeiter alles immer im Blick haben. Besonders diebstahlgefährdete Artikel sollten hier nicht präsentiert werden.

Eine gute Idee ist es auch, hauseigene Kunden- oder Tierfachmagazine über den Kassenmitarbeiter an den Kunden zu geben. Dies erhöht die Wertigkeit der Zeitschrift und der Mitarbeiter hat hierbei mehr die Möglichkeit, persönlich auf den Kunden einzugehen. „Darf ich Ihnen unser neues Magazin mit vielen Infos für die Gesundheit Ihres Tieres mitgeben?" Überreichen Sie dem Kunden auch aktuelle Flyer oder Broschüren von hauseigenen Veranstaltungen mit persönlicher Ansprache: „Wir würden uns freuen, wenn Sie zu unserem Jubiläumsfest kommen.", dazu eine Visitenkarte des Geschäfts.

Aktuelle Gewinnspielkarten von Herstellern, sowie hauseigene Gewinnspiele gehören auch eher an die Kasse, als lieblos im Verkaufsregal zu liegen. Noch wichtiger allerdings sind die eigenen Kundenkarten, die besonders wichtig zur Kundenbindung sind und dem Kunden auch Einkaufsvorteile oder Rabatte bieten. Viele Fragen dazu können auch an der Kasse beantwortet werden.

Trotz aller Vorteile darf die Übersicht für den Kunden nicht verlorengehen. Zu viele Sortimente oder Artikel fördern die Übersichtlichkeit nicht. Wenn umsatzstarke Impulsartikel zwischen anderen Massenartikeln verschwinden, wird der Kaufimpuls des Kunden nicht geweckt. Als letzter Eindruck sollte die Kasse immer gepflegt aussehen.

Gangbreite

Der Kunde fühlt sich in breiten Gängen wohler, als in schmalen und engen. Im SB-Warenhaus oder in großen Verbrauchermärkten sind die Durchgänge 1,80 bis 2,00 Meter breit, in Baumärkten können sogar bis zu drei Metern sinnvoll sein, da hier die Einkaufswagen für Großartikel meist breiter sind. Die Gangbreite sollte mindestens der Höhe der beidseitigen Warenträger entsprechen.

Raumklima

Drei Faktoren bestimmen das Raumklima: Temperatur, Luftfeuchtigkeit und Luftbewegung. Unangenehme Gerüche, schlechte Luft oder zu hohe Hitze wirken sich negativ auf die Kauflust der Kunden aus und können auch den Einsatz des Personals hemmen. Abhilfe schaffen hier Klimaanlagen. Eine zeitgemäße Beleuchtungstechnik, Sonnenschutzfolien und Markisen tragen ebenfalls dazu bei.
Der Wohlfühlfaktor liegt bei der Raumtemperatur in der Regel bei 22 °C, die Luftfeuchtigkeit sollte die 30-Prozent-Marke nicht unterschreiten. Im Sommer sind 60 bis 70 Prozent optimal, im Winter sollten sie eher 50 bis 60 Prozent betragen. Raumtemperatur und Luftfeuchtigkeit werden aber von jedem Menschen anders wahrgenommen. Der Käufer, der sich wohlfühlt kauft auch mehr.

Geruch und Duft

Störende Gerüche mindern erheblich die Kauflust. Düfte werden über Jahrzehnte positiv oder negativ im Gehirn gespeichert. Den Ausspruch „ich kann dich nicht riechen" kennt jeder, hierbei geht es allerdings mehr um den Duft, den das Gegenüber ausströmt. Dieser kann mitunter entscheidend dafür sein, ob ein Verkaufsgespräch gut oder schlecht verläuft.

Als sogenanntes ‚Duftmarketing' werden alle Maßnahmen bezeichnet, die unter Zuhilfenahme von Duftstoffen dazu dienen, den Absatz zu steigern, die Kundenbindung zu verstärken oder den Wert einer Marke zu erhöhen. Beim punktuellen Duftmarketing werden einzelne Ladenzonen mit verschiedenen Duftnoten versehen. In der Kaffeeabteilung oder in der Nähe des Backshops ist das meist einfacher, weil hier schon die Ware selbst angenehme Düfte ausströmt. Schokoladen- oder Kakaoduft in der Süßwarenabteilung animiert die Kunden, und ein frischer Limonen- oder Zitronenduft generiert Zusatzumsätze in der Wasch- und Putzmittelabteilung.

Anders sieht es zum Beispiel in der Getränkeabteilung aus. Besonders am Leergutautomaten riecht es in vielen Märkten sehr unangenehm. Auch die Bereiche in der Nähe der Kundentoiletten sollten besonders beachtet werden und in vielen Tierfutterabteilungen riecht es ebenfalls nicht immer angenehm frisch.

Aber nicht alle Kunden sind von der ‚Duftmanipulation' begeistert, das liegt daran, dass es immer mehr Allergiker gibt, die sich nicht bei jedem Duft wohlfühlen. Deshalb ist es ratsam, sich Hilfe bei einem Experten zu holen, der mit natürlichen und reinen Ölen arbeitet, die zum Beispiel auch in der Aromatherapie eingesetzt werden, aber immer dezent.

Farbgestaltung

Viele Farben sind tief im Gehirn verwurzelt, da sie überall im Alltag zu sehen sind und unterschiedliche Empfindungen auslösen.

Rot steht für Energie, Leidenschaft, Aufmerksamkeit, ist stimulierend, wärmend und appetitanregend. Rot steht jedoch auch für Gefahr oder Alarm.

Orange signalisiert Kreativität, Vitalität, Lebensfreude, Jugend und Enthusiasmus. Orange ist eine aktive Farbe, die als freundlich, warm und stimulierend gilt.

Mit **Grün** verbinden wir Natur, Wachstum und Harmonie, aber auch Gleichgewicht, den Frühling, das Leben, Glück und Gesundheit. Jedoch auch Gift, Eifersucht und Unreife.

Grau ist neutral, nüchtern, formell und sachlich. Grau sind Steine, Metall, Beton usw.

Pink erinnert an Weiblichkeit, Verspieltheit und Romantik. Pink (oder Rosa) ist eine feminine Farbe. Sie ist freundlich, romantisch, zart, charmant, süß und einfühlsam, sie gibt Gestaltungen einen ‚weiblichen' Touch.

Gelb ist Sommer und Sonne. Der Farbton wirkt hell, heiter, freundlich, optimistisch, offen, liberal und kommunikativ.

Braun ist die Farbe des Herbstes, braun sind Holz, Kaffee, Schokolade, Leder, Tabak und Erde. Eine Farbe, die Zuverlässigkeit, Authentizität, Bodenständigkeit und Ruhe vermittelt

Weiß ist rein, zurückhaltend, hell, neutral, ehrlich und friedlich. Mit der Farbe verbindet man Frieden, Licht, Erleuchtung und Unschuld.

Schwarz steht für Eleganz, Seriosität, Wahrheit, Glaubwürdigkeit. Schwarz wirkt jedoch auch dominant, oder düster.

Lautsprecher und Musik

Durch verkaufsfördernde Lautsprecherdurchsagen sollen Kunden auf eine bestimmte Ware aufmerksam gemacht werden oder zu weniger frequentierten Ladenzonen geführt werden. Beispiel: „Verehrte Kunden, nutzen Sie unser heutiges Angebot an Katzenstreu. Der Preis von 5,99 Euro gilt nur noch bis heute 19.00 Uhr".

Der Einsatz von Hintergrundmusik muss genau dosiert sein. Sie wird vom Kunden eher unbewusst aufgenommen, kann aber auch das Kaufverhalten positiv beeinflussen. Untersuchungen haben ergeben, dass bei einer ruhigeren und langsameren Musik, die Aufenthaltsdauer vieler Kunden im Geschäft zunimmt. Die richtige Musik in der richtigen Lautstärke und mit den gezielten Informationen kann Wohlbefinden auslösen. Im Gegensatz dazu wird es als störend oder unpassend empfunden, wenn z.B. zu Weihnachten ständig Weihnachtsmusik gespielt wird.

Manche Unternehmen sind heutzutage mit einem sogenannten ‚POS- Radio' verbunden, wo Werbedurchsagen oder auch Nachrichteninformationen automatisch von Profis durchgegeben werden.

Wenn Ladenfunk eingesetzt wird, ist dieses bei der GEMA anzumelden. Nachfolgend eine Kostenübersicht (Stand 01. 01. 2021), Nettobeträge zuzüglich z.Zt. 7 % Umsatzsteuer, Tarif für Wiedergabe von Hörfunksendungen und Ladenfunk, Pauschalvergütungssatz.

Größe des Raumes	jährlich/€	vierteljährlich/€	monatlich/€
bis zu 100 m²	91,20	25,08	9,12
bis zu 200 m²	182,50	50,19	18,25
bis zu 300 m²	211,00	58,03	21,10
bis zu 400 m²	239,60	65,89	23,96

Ausführliche Informationen www.gema.de

Digitales Einkaufen hat – verstärkt durch die Corona-Pandemie – deutlich zugenommen.Das teilte der Bundesverband E-Commerce und Versandhandel e.V. (bevh) auf einer digitalen Pressekonferenz am 26. 1.2022 mit. Demnach wurde im vergangenen Jahr mehr als jeder achte Euro bei den Haushaltsausgaben für Waren im E-Commerce ausgegeben. Der Bruttoumsatz ist hier 2020 von 72,6 Milliarden Euro auf 83,3 Milliarden Euro gestiegen. Die Voraussagen gehen von einer weiteren Steigerung in 2021 aus.

Der Kunde der Zukunft ist der Kunde, der immer häufiger im Internet ‚shoppen' geht. Immer mehr Menschen nutzen beide Einkaufsmöglichkeiten. Sie informieren sich zuerst im Internet ehe sie im Einzelhandel einkaufen, weshalb eine permanent gepflegte Internetseite wichtig ist und ebenfalls der Imagepflege dient. Viele Kunden im Markt werden oft erst dann zum Internetkunden, wenn ihr gewünschtes Produkt nicht vorrätig ist. Es gilt ‚out of stock' zu vermeiden. Der moderne Händler von heute muss beides verbinden, online und stationär und muss im Internet auch zu finden sein, zumindest mit dem Einsatz von ‚Google Maps'.

Online-Warenkorb

Sortiment: Die Sortimentsgestaltung ist im Onlineshop mindestens ebenso wichtig wie im Ladengeschäft. Shopbetreiber, die sich auf eine Nische konzentrieren sind damit oft erfolgreicher als die Anbieter aller Sortimente. Machen Sie Ihre eigenen Fotos und Texte anstatt nur die Herstellerwerbung zu übernehmen, das kommt beim Kunden gut an.

Usability: Die Benutzerfreundlichkeit steht ganz oben auf der Liste der Erfolgskriterien. Nur wo der Kunde sich zurechtfindet, kauft er auch ein. Dazu gehört eine sinnvolle Navigationsstruktur und ein ansprechendes Design.

Service: Kurze Reaktionszeiten gehören einfach dazu im E-Commerce. Zumindest während der üblichen Geschäftszeiten sollten Auftragsbestätigungen schnell versendet werden.

Versandkosten: Günstige Versandkosten sind bei den Kunden sehr beliebt.

Sicherheit: Kundendaten und Kreditkarteninformationen sollten verschlüsselt per SSL übertragen werden. Dass dies ein wichtiger Schutz ist wissen inzwischen auch die weniger technisch versierten Internetnutzer.

Datenschutz: Der vertrauensvolle Umgang mit den überlassenen Kundendaten ist essenziell. Der Kunde muss die Sicherheit haben, dass seine Daten nicht an Dritte weitergegeben werden. Datenschutzerklärung, Impressum und AGB beachten.

Warenpräsentation: Nur was gut aussieht wird auch gekauft. Gutes Bildmaterial ist einer der wichtigsten Erfolgsfaktoren im Online Shop. Keiner kauft gerne die Katze im Sack.

Produktbeurteilungen: Eine sinnvolle Web-2.0-Errungenschaft: Bewertungen anderer Benutzer, die ein Produkt schon gekauft haben und Ihre Erfahrungen anderen Interessenten mitteilen.
Produktsuche: Der Kunde kann nur das kaufen, was er auch findet. Viele Besucher eines Onlineshops nutzen sofort das Suchfeld ohne manuell durch die Kategorien zu navigieren. Bei der Suche benutzen Kunden oft andere Produktbezeichnungen als die Bezeichnungen unter denen die Produkte im Shop geführt werden.
Zahlverfahren: Zur Abwicklung der Zahlung stehen dem Onlineshop-Betreiber verschiedene Möglichkeiten zur Verfügung. Fehlt dem Kunden das bevorzugte Zahlverfahren im Onlineshop wird der Warenkorb häufig an der Kasse stehengelassen.
Technische Voraussetzungen: Lange Ladezeiten schrecken ab. Ist die Applikation zu schwerfällig, macht das Shoppen keinen Spaß.
Online-Marketing: Erst sinnvolles Online-Marketing bringt Bekanntheit, Besucher und Kunden. Budget einplanen.

Homepage

Eine gute Webseite sollte

- mit jedem Browser, jedem System und jeder gängigen Auflösung nutzbar sein. Auf Flash-Inhalte sollte komplett verzichtet werden und auch Java nur sparsam eingesetzt werden.
- benutzerfreundlich, übersichtlich und für jeden verständlich aufgebaut sein. Auch für Benutzer mit geringen Internetkenntnissen und schlechten Augen sollten alle Inhalte problemlos zu lesen sein.
- optisch ansprechend, aber dennoch und sparsam mit grafischen Elementen bestückt sein.
- dem Besucher direkt nach dem Eintreffen vermitteln, worum es geht. Auch die Benennung von Grafiken, Unterseiten und Ordnern sollte thematisch passend sein.
- inhaltlich einen Mehrwert oder zumindest eine umfassende Darstellung des Zwecks der Seite bieten. Besucher steuern Websites nicht wahllos an, sie suchen nach Informationen oder Problemlösungen. Werden die gesuchten Informationen nicht gefunden, ist der Besucher genauso schnell wieder weg, wie er gekommen ist.
- in einem sauberen, fehlerfreien und minimalistischen Code geschrieben werden. Nur so ist in gängigen Browsern auch sichergestellt, dass Suchmaschinen optimale Voraussetzungen zum Auslesen der Inhalte erhalten.
- das Sortiment ausführlich beschreiben. Erwähnen Sie, ob Sie an Privat- und/oder Firmenkunden oder den öffentlichen Bereich liefern. Veröffentlichen Sie ausführliche Produktbeschreibungen. Immer mit Text, Bildern und passenden Zusätzen wie Testversionen, Auszügen oder anderen Möglichkeiten, um mehr über das Produkt zu erfahren.
- die Bezugsquellen zeigen. Arbeiten Sie z.B. mit regionalen Fachhändlern zusammen bieten Sie eine Postleitzahlen-Suche (PLZ-Suche) an.
- am besten einen Onlineshop anbieten. Shop-Bewertungen und Gütesiegel sind sehr positiv für Ihre Reputation.

- Kundenbewertungen zu Ihrem Unternehmen und Ihren Produkten anzeigen. Kundenstimmen gewinnen zusätzlich an Wert, wenn der Kunde mit Namen und Bild erwähnt wird.
- Kontaktdaten wie Anschrift, Telefon, E-Mail enthalten. Laut einer Umfrage der IHK sind acht Prozent der Einzelhändler derzeit nicht mal mit einer Unternehmenswebseite präsent, auf der Kunden z.B. die Öffnungszeiten nachlesen könnten.
- einen Weblog mit interessanten Informationen zu Ihren Produkten (z.B. wie sie Ihre Kunden in der Praxis einsetzen) enthalten. Wichtig ist, dass der Weblog regelmäßig und dauerhaft geführt wird, verwaiste und alte Blogs wirken unseriös. Versenden Sie darüberhinaus regelmäßige Newsletter mit spannenden Informationen

Kundengewinnung

Nutzen Sie ‚Social Media'

Nachdem Facebook mittlerweile schon zum Standard für Online-Händler gehört, sollte man sich auch verstärkt mit LinkedIn, eBay, Twitter, Instagram, tumblr, Xing und Pinterest beschäftigen. Auch ein kleines Video auf Youtube kann die Kundenbindung fördern und Internetkunden in Ihr Geschäft locken. Hierbei ist zu beachten, dass die Videos nicht länger als einige Minuten sein sollen. Eine gute Chance, neue Geräte oder Sortimente oder einfach mal das eigene Verkaufsteam vorzustellen.

Es wirkt positiv, wenn der Inhaber im Film die eigenen Mitarbeiter mit einbezieht. Das schafft zusätzlich eine höhere Motivation und Identifikation mit dem eigenen Betrieb.

Unvergleichbare Pakete packen

Der Preis eines einzelnen Produkts kann natürlich leicht mit dem Angebot im Internet verglichen werden, macht der Händler aber Paketpreise wird das schwieriger und anstrengender. Überlegen Sie, welche Artikel bei Ihnen dafür geeignet wären

- Baufachhandel: Heckenschere mit Schutztasche
- Modefachhandel: Sakko mit passender Krawatte
- Elektrofachhandel: Laptop mit passender Tasche
- Gartenfachhandel: Schaufel mit Schutzhandschuhen
- Zoofachhandel: Hundeshampoo mit Hundebürste
- Spielzeugfachhandel: Legokasten mit Spielfigur

Leichte Zahlungsweisen

Besonders dann, wenn die Preise für den Artikel im dreistelligen Bereich liegen, ist das schnelle Zahlen an der Kasse schon nicht mehr so einfach. EC-Karten haben oft Limits, Kreditkarten werden von einigen Händlern gar nicht angenommen. Hier sind innovative, smarte und praktische Lösungen gefragt. Zahlungen via Smartphone-App sollten im gesamten Einzelhandel möglich sein.

Mit Dienstleistungen punkten

Kundenbindung geschieht auch durch zusätzliche Dienstleistungen. Das Zoofachgeschäft bietet Beratungstage an, das Gartencenter zeigt in einem Seminar oder Video, wie man einen Teich anlegt oder ähnliches.

Beratungsgebühr

Das hat sich bisher nicht überall durchgesetzt. Der Kunde bezahlt vor der Beratung und bekommt das Geld beim Kauf zurück, die Gebühren schwanken hier zwischen 20 und 50 Euro. Auf jeden Fall eine Möglichkeit, wenn es um Termine für Außenberatungen geht.

Regionales Sponsoring

Eine gute Nachbarschaft ist ebenso vorteilhaft und wichtig wie im privaten Bereich. Ein ideales Instrument, ist regionales Sponsoring. Durch das Engagement vor Ort kann sich ein Geschäft Pluspunkte sichern. Der Hauptvorteil von regionalem Sponsoring liegt darin, dass die Bekanntheit und Beliebtheit vor Ort gesteigert wird.

Werden Aktivitäten und Projekte (Sportfest usw.) unterstützt, wirkt sich dies positiv auf das Firmenimage aus und zeigt die Zusammengehörigkeit mit der Region. Eine andere Möglichkeit ist die Zusammenarbeit mit lokalen Unternehmen, die nicht direkt im Wettbewerb stehen.

Beispiel: Ein Zoofachgeschäft lässt sich von der hiesigen Gärtnerei Geschenkkörbe mit Blumen erstellen und verkauft diese. Im Gegenzug macht das Zoofachgeschäft Werbung mit Aktionen vom Blumenladen.

Möglichkeiten für ein Sponsoring gibt es zahlreich: im hiesigen Sportverein (Trikots spendieren mit dem Geschäftslogo), beim Feuerwehrfest (Präsentkörbe herstellen und verlosen lassen), im Kinderheim (am Weltkindertag Süßes spendieren), im Altenheim (zur Kaffeerunde einladen). Es gibt also viele Möglichkeiten, um bekannter zu werden.

Externe Kommunikation

Externe Kommunikation ist der Austausch von Informationen und Nachrichten zwischen dem eigenen und anderen Unternehmen, Gruppen oder Einzelnen, die nicht in die Struktur der Organisation selbst eingebunden sind. Es geht darum, dass ein Geschäft auch extern auf sich aufmerksam macht, um seine Sortimente oder Dienstleistungen darzustellen. Dies kann im Fachartikel eines Kundenmagazins sein oder auch ein Text in der regionalen Presse. Nutzen Sie auch das regionale Radio für Werbedurchsagen oder für besondere Hinweise (offener Sonntag, Jubiläum usw.).

Das Marketingkonzept

Im jährlich erstellten Marketingkonzept werden Informationen und Maßnahmen im Unternehmen strukturiert beschrieben.

- Wer kauft bei Ihnen ein? Wen wollen Sie gewinnen?
- Welches Budget steht zur Verfügung?
- Welche Maßnahmen werden ergriffen? (Werbeflyer, Zeitungsannoncen)
- Wann erfolgen die Maßnahmen?
- Was hat funktioniert? Nachkontrolle.

Dropshipping

Als Dropshipping bezeichnet man eine Methode der Logistik, bei der der Händler eine Ware an den Kunden verkauft, ohne die Ware selbst liefern oder lagern zu müssen. Stattdessen erfolgt die Lieferung entweder von einem Großhändler oder von einem Lieferanten. Sie können dem Kunden also anbieten, dass er bei Ihnen online bestellt und die Ware nach Hause geliefert bekommt. Sie entscheiden, ob Sie Versandkosten berechnen oder kostenlos liefern. Das ist auch eine sehr gute Möglichkeit der Kundenbindung, wenn ein Artikel im Regal fehlt. Reden Sie mit Ihren Handelspartnern, was möglich ist, oder organisieren Sie es in eigener Regie.

Online locken

Drehen Sie den Spieß auch mal um, seien Sie kreativ. Beispiel: Ein Kunde bestellt über Ihre Website und bekommt einen Gutschein, den er dann bis zu einem festen Datum gegen die Ware im Geschäft einlösen kann. Eine gute Idee, um an verkaufsschwachen Tagen Kunden anzulocken.

Fazit: Werden Sie zur regionalen Marke!

Um mehr Internetkunden zu gewinnen und Stammkunden zu behalten, sollten Sie alles tun, damit Ihr Betrieb zu einer regionalen Marke wird. Eine Marke (Brand) sollte auch mit einem guten Image verbunden sein.

Ein durchdachtes Corporate-Design ist wichtig. Verwenden Sie dieselben Farben, Schriftarten und Formulierungen in Ihrem Logo, auf Ihrer Website, Ihrem Briefkopf und im Betrieb. Grenzen Sie sich auch hier von Ihrer direkten Konkurrenz ab, werfen Sie einen Blick auf die Gestaltung Ihrer Wettbewerber und finden Sie Ihren eigenen Weg. Wirkungsvoll ist es, wenn Sie für Ihr Geschäft einen Leitspruch haben. Bei „Die längste Praline der Welt“ denkt jeder sofort an Duplo, ein toller Leitspruch eines Gartencenters lautet beispielsweise „Weck den Gartenprofi in Dir.“

Motivation und Schulung

Die beste Warenpräsentation reicht nicht aus, wenn die Mitarbeiter nicht professionell geschult sind und die Grundkenntnisse der Kommunikation mit dem Kunden nicht beherrschen. Der Kunde ist heute selbstbewusster, kritischer und durch das Internet auch besser informiert.

Teamarbeit

Mehr Umsatz mit ‚gelebter' Kundenorientierung. Was bedeutet das? Jeder im Unternehmen muss sich bewusst sein, welchen Beitrag er zur Kundenzufriedenheit leisten kann. Wenn der Kunde merkt, dass engagiert auf ihn eingegangen wird, kauft er eher und seine Preissensibilität sinkt. Sehr schnell bemerkt er auch, wie die Stimmung des Personals untereinander ist. Fühlt er sich wohl, bleibt er meist länger im Geschäft und kauft auch mehr ein. ‚Miteinander statt gegeneinander', das heißt, Vertrauen als Basis jeder Zusammenarbeit sollte die Devise sein.

- Der Arbeitsplatz ist kein Forum der Selbstdarstellung. Langweilen Sie Ihre Kollegen nicht mit Monologen und ausufernden Vorträgen. Bleiben Sie sachlich und beim Thema.
- Behandeln Sie den anderen nicht als Feind. Versuchen Sie, Ihre Emotionen zu kontrollieren. Sie haben schließlich ein gemeinsames Ziel.
- Tricks und Täuschungsversuche mögen clever erscheinen, zahlen sich aber nicht aus. Bleiben Sie fair.
- Sprechen Sie offen an, was Sie nervt, aber bleiben Sie sachlich. Nur wenn ich einem anderen sage, was mir nicht gefällt, kann er es ändern.
- Auch wenn Sie stärker sind: Spielen Sie den Trumpf nicht aus. Das reizt Ihren Partner zur Gegenwehr.

In der Kunden-Verkäufer-Beziehung ist Freundlichkeit Trumpf. Unternehmen unterscheiden sich im Wettbewerb immer weniger durch ihre Leistungen, dafür immer mehr durch den Motivationsgrad ihrer Mitarbeiter. Das Wichtigste ist eine natürliche Freundlichkeit.

- Achten Sie darauf, wenn jemand das Geschäft betritt und begrüßen Sie ihn sofort. Die ersten Sekunden sind entscheidend für den weiteren Verkaufserfolg.
- Verstecken Sie sich nicht hinter der Theke.
- Halten Sie die Eingangstür auf, wenn möglich.
- Gehen Sie auf den Kunden zu, aber halten Sie eine angemessene Distanz von ein bis zwei Metern.
- Das Telefonieren in Anwesenheit des Kunden unterlassen, den Anrufer um Geduld bitten, bzw. ein Rückruf anbieten.
- Aufräumarbeiten und Warenpflege sind nachrangig, wenn Kunden eintreten.
- Helfen Sie beim Einpacken ins Auto, falls es der Kollege nicht gleich nach dem Kassieren tut.
- Freundlich bleiben, auch wenn der Kunde nichts gekauft hat.

Führungskraft als Coach

Gute Führung der Mitarbeiter und vor allem ein Vorleben der wichtigen Grundsätze kann zu einer guten Kundenbehandlung beitragen. Die Führungskraft ist gleichzeitig Coach und Vorbild. Gute externe Schulungen werden nicht ausreichen, wenn die Führungskräfte es nicht schaffen, die Mitarbeiter immer wieder zu motivieren.

Neben den fachlichen Voraussetzungen kommt es bei Vorgesetzten vor allem darauf an, wie freundlich die Kommunikation mit den Mitarbeitern verläuft.

Die Zeiten, in denen sich Vorgesetzte dadurch auszeichnen, dass sie Anweisungen geben, delegieren und kontrollieren, sind vorbei. Eine gute Führungskraft informiert die Mitarbeiter über wichtige Sachverhalte, zeigt ihnen, wie sie sich verbessern können und bietet ihnen Entwicklungschancen an. Geben sie ihren Mitarbeitern deshalb alle nötigen Informationen, die diese zur Ausübung ihrer Tätigkeit benötigen. Dazu gehören Daten und Fakten des eigenen Unternehmens sowie der Hinweis, welche Kollegen oder Partner wichtige Ansprechpartner sein

könnten. Ein guter Informationsfluss ist am besten zu gewährleisten, indem die Führungskraft regelmäßig Mitarbeiterbesprechungen in Einzel- und Gruppengesprächen durchführt, und die Ideen der Mitarbeiter ausreichend fördert.

Eine echte Führungskraft muss als Coach fungieren, um ihre Mitarbeiter zu motivieren und Lerneffekte zu erzielen. Dazu gehört, dass sie den Mitarbeiter in seiner täglichen Arbeit begleiten und mit ihm darüber sprechen, was noch zu verbessern ist. Beim Coaching müssen Sie dem Mitarbeiter helfen, seine Fehler selbst zu erkennen. Das Motto lautet: Hilfe zur Selbsthilfe.

Fragen Sie Ihre Mitarbeiter, welche Vorschläge und Ideen sie haben, um Entscheidungen gemeinsam zu treffen. Oft sehen die Mitarbeiter Abläufe und Probleme realistischer, weil sie täglich damit zu tun haben. Stellen Sie offene Fragen, um die Mitarbeiter zum Sprechen zu ermutigen und hören Sie zu! Dadurch erreichen Sie, dass der Mitarbeiter Lösungen selbst suchen kann und Ihnen eine ausführliche Information und Antwort gibt. Aktives Zuhören heißt auch, den Mitarbeiter ausreden zu lassen und seine Meinung zu akzeptieren, auch wenn Sie nicht damit übereinstimmen.

Verhaltensänderungen sind nur in kleinen Schritten möglich. Das bedeutet, dass Sie als Führungskraft dafür sorgen müssen, dass der Mitarbeiter seine Schwächen selbst erkennt. Besprechen Sie danach die Probleme mit ihm gemeinsam. Sie helfen ihm dabei, dass er sich dessen bewusst wird und diese auch lösen kann. Setzen Sie dem Mitarbeiter Ziele, die für ihn realistisch und auch erreichbar sind. Einer der schlimmsten Fehler besteht darin, seine Mitarbeiter zu wenig zu loben.

Natürlich muss auch immer wieder angesprochen werden, wenn ein Mitarbeiter einen Fehler gemacht hat. Hierbei kommt es jedoch auf das ‚Wie' an. Bei Kritik sollte besonders auf Folgendes geachtet werden:

- den Fehler oder Ihren Kritikpunkt genau im Detail ansprechen
- den Mitarbeiter fragen, wie es dazu gekommen ist
- nachfragen, wie der Fehler beim nächsten Mal vermieden werden kann
- zum Abschluss einer Kritik auch darauf hinweisen, dass Sie ansonsten sehr zufrieden mit der Arbeit sind und Sie sich auf die weitere Zusammenarbeit freuen.

Wenn diese wichtigsten Grundregeln beherzigt werden, merkt es auch Ihr Kunde, weil eine positive Atmosphäre im Umgang des Personals untereinander, auch schon beim Betreten des Geschäfts zu spüren ist.

Kommunikation mit dem Kunden

Kommunikation ist ein Austausch oder eine Übertragung von Informationen. Dabei kann der Austausch auf viele verschiedene Arten stattfinden, beispielsweise dadurch, Fragen zu stellen: ‚Wer fragt, der führt', in diesem Spruch steckt viel Wahrheit und das sollte ein Grundprinzip für jeden sein, der im Verkauf tätig ist. Die meisten Verkäufer versuchen auch heute noch, ihre Produkte mit guten und meist zu vielen Argumenten ‚an den Mann oder die Frau' zu bringen. In einer guten Gesprächsvorbereitung, zu der auch das Einüben der positiven Eigenschaften oder Argumente gehört, sollte nicht vergessen werden, den Kunden nach seiner Meinung zu fragen, anstatt ihn überreden zu wollen. Mit den richtigen Fragen und der richtigen Fragestellung kann nicht nur das Gespräch gelenkt werden, sondern dabei erhält man auch wichtige Informationen vom Kunden. Diese sind oft entscheidend für ein erfolgreiches Verkaufsgespräch.

- Fragen vermeiden einen Monolog und fördern den Dialog.
- Sie aktivieren den Partner im Gespräch.
- Durch Fragen können Sie Wünsche und Probleme der Kunden erkennen.
- Stellen Sie Fragen, können Sie geschickt das Thema wechseln und das Gespräch steuern.
- So können Sie Kaufmotive direkt ansprechen.
- Fragen helfen, peinliche Momente zu überbrücken.
- Durch Fragen können Sie Einwände überwinden.
- Fragen lösen Spannungen im Gespräch.
- Durch Fragen können Sie sich eine Denkpause verschaffen.
- Fragen bringen Anregungen für neue Argumente.
- Durch Fragen können Sie Einkaufskompetenzen erfahren und besser beraten.
- Mit Fragen können Sie Ansichten und Meinungen korrigieren.
- Durch Fragen zwingen Sie den Anderen zum Zuhören.

Wann sollten Sie Fragen stellen:

- Sie stellen Fragen bei der Gesprächseröffnung und schaffen damit eine positive Atmosphäre.
- Sie stellen Fragen zur Bedarfsermittlung und erfahren Wünsche und Probleme, wodurch Sie nicht am Bedarf des Kunden vorbeireden.
- Sie stellen Fragen am Ende Ihrer Präsentation und Argumentation und kontrollieren damit, ob der Kunde alles verstanden hat und Ihrer Argumentation folgt.
- Sie stellen Fragen bei der ‚Einwandbehandlung'". So nehmen Sie den Antworten die Spitze und erfahren die echten Hintergründe Einwands.
- Sie stellen Fragen zum Abschluss und immer und überall ...

Kaufmotive erkennen

Wenn ein Kunde ein Geschäft besucht, heißt das erst einmal, dass er sich dafür entschieden hat, also eine gute Ausgangslage und große Chance. In wenigen Sekunden entscheidet der Kunde, ob ihm das Geschäft gefällt (weshalb der Außenbereich, das Schaufenster und der Eingangsbereich eine wichtige Rolle spielen), bevor er sich dem Personal zuwendet oder angesprochen wird.

Sicher haben Sie es selbst schon einmal erlebt, dass Sie ein Geschäft betreten und es kümmert sich keiner um Sie. Hier hat der Kunde eher das Gefühl, dass er stört, wird ärgerlich und im schlimmsten Fall verlässt er das Geschäft.

Kunden haben meist Verständnis dafür, wenn sie etwas warten müssen, was aber nicht akzeptiert wird, wenn sie völlig ignoriert werden. Deshalb sollte eine freundliche Begrüßung wie „Guten Tag" oder „Grüß Gott" beim Eintreten des Kunden selbstverständlich sein. Sie sollen aber nicht ‚mit der Tür ins Haus fallen', lassen Sie den Kunden sich erst einmal in Ruhe umschauen, bevor Sie mit Ihrer Gesprächseröffnung starten.

Eine Gesprächseröffnung soll Interesse, Neugier und Aufmerksamkeit wecken. Denken Sie daran, die ersten zehn Worte sind wichtiger als die folgenden eintausend. Fallen Sie nicht mit der Tür ins Haus, sprechen Sie nicht sofort über das Angebot. Der Kunde neigt dann zur spontanen Ja/Nein-Entscheidung. Das ist auch nicht verwunderlich, denn er fühlt sich vielleicht überfahren. Sie haben es versäumt, ihm die Zeit zu geben, sich auf Sie einzustellen.

Auch bei Kunden, die als erstes fragen: „Was haben Sie heute anzubieten?“ sollten Sie nicht sofort Ihr Angebot unterbreiten. Der Kunde muss erst Ihre Idee, Ihren Vorschlag verstanden haben, um Ihr Angebot bewerten zu können.

Einige Beispiele für den positiven Einstieg.
„Guten Tag, Herr Lemke. Kennen Sie schon unser neues Nagersortiment?“
Wenn Ja, dann nach seiner Meinung fragen, wenn Nein, vorstellen.
„Guten Tag, Herr Schmidt. Schön, dass Sie da sind, ich habe unser neues Kundenmagazin für Sie zurückgelegt.“
„Guten Tag, Herr Meier. Ich habe hier für Sie einen Artikel zum Thema Welpenerziehung herausgeschnitten, der Sie interessieren wird.“
Regeln für die ersten Worte:
- Knapp, aber aussagekräftig. Keine langen Monologe.
- Wenn möglich, mit Witz, Charme und Geist.
- Aktuell und interessant.
- Problemorientiert und in direkter Aussage.
- Als Frage, problembezogen.
- Als Zeigevorgang (Muster, Unterlage, Zeitung usw.)
- Als Interesse am Kundenhobby (mit Einfühlungsvermögen)
- Besonderer Gag bzw. Aha-Effekt!

Warum ist die Bedarfsermittlung von entscheidender Bedeutung für Ihren Verkaufserfolg? Eventuell kennen Sie Ihre Kunden schon und wissen was sie sonst immer für Hund oder Katze einkaufen. Was Sie aber nicht wissen ist, ob der Kunde aktuelle Probleme hat, ob sein Tier noch gesund ist und welche Ideen und Wünsche der Kunde hat. Erst das persönliche Gespräch mit dem Kunden gibt Ihnen die Möglichkeit, die Chancen Ihres Angebotes richtig einzuschätzen. Sonst reden Sie am Kunden vorbei. Sie steigern Ihre Erfolgschancen, wenn der Kunde merkt, dass Sie seine Wünsche und Bedürfnisse berücksichtigen. Erst im Gespräch erkennen Sie Möglichkeiten und Potenziale für einen Verkaufserfolg.

Die Bedarfsermittlung ist ein wichtiger Ausgangspunkt für das spätere Verkaufsgespräch. Sie sollte gründlich durchgeführt werden. In der Bedarfsermittlung geht es darum, die Schnittstelle zwischen den Kaufmotiven und Kundenansprüchen zu finden.

Ziel des Verkäufers ist es, möglichst viele Informationen über den Kunden und seine Bedürfnisse, Probleme und Wünsche herauszufinden. So wird es möglich sein, das richtige Produkt zu präsentieren und zu verkaufen.

Der Kern einer guten Bedarfsanalyse im Verkaufsgespräch sind offene Fragen, auf die der Kunde nicht einfach mit Ja oder Nein antworten kann, zum Beispiel die sogenannten W-Fragen: Wer, Wie, Was, Wozu, Warum, Wieso. Vermeiden Sie besonders geschlossene Fragen in der Bedarfsermittlung.
Beispiele:
„Was interessiert Sie bei den Aquarien besonders?“, „Was wollen Sie erreichen?“, „Was möchten Sie zuhause verbessern?“, „Welche Erfahrungen haben Sie mit dem Hundefutter bisher gemacht?“, „Worauf legen Sie bei einem neuen Kratzbaum besonders Wert?“

Es gilt immer, die Kaumotive des Kunden herauszufinden. Darunter versteht man in der Werbepsychologie den Beweggrund (Motiv), der einen Verbraucher (Konsumenten) dazu veranlasst, einen Kauf zu tätigen bzw. eine bestimmte Kaufentscheidung zu treffen.

Wichtige Kaufmotive sind:
1. Gewinn, Sparsamkeit, Geld sparen
Kunden streben bei einer Kaufentscheidung entweder nach Gewinn oder möchten durch den Kauf Geld sparen. Dies ist ein eher rationales Kaufmotiv. Betonen Sie in diesem Fall, wie günstig Ihr Artikel gegenüber dem des Wettbewerbers ist.

2. Bequemlichkeit
Hier ist das vorherrschende Motiv, daß der Kauf bequem abläuft. Service ist für diesen Kunden ein wichtiges Kaufargument. Hier kann auch ein leichter Umtausch ein wichtiges Kaufmotiv sein oder locken Sie zum Beispiel mit einer kostenlosen Warenlieferung.

3. Sicherheit
Dies ist ein rationales Kaufmotiv. Kunden wollen, dass das Produkt langlebig ist und eine hohe Qualität aufweist. Hier können Garantieleistungen ein gutes und stichfestes Verkaufsargument sein. Dies gibt dem Kunden ein Gefühl von Sicherheit.

4. Abenteuerlust, Risikobereitschaft, Neugier
Ein klares emotionales Kaufmotiv. Der Kunde ist bereit, etwas Neues zu testen. Der mögliche Gewinn beim Kauf kann diesen Kunden reizen. Hier muss der Gewinn, das eventuelle Vergnügen sein und mögliche Erfolgsaussichten sollten klar verdeutlicht werden.

5. Prestige, Image
Der Kunde möchte sich einzigartig und besonders fühlen. Hier sollte dem Kunden das Gefühl gegeben werden, dass er etwas Besonderes bekommt, sei es das Produkt oder einen besonderen Aktionspreis. Dann sprechen sie auch die emotionale Ebne des Kunden an. Das Kaufmotiv finden Sie nur heraus, indem Sie Ihre Kunden kennenlernen. Empathie ist das „Zauberwort".

Die direkte Bedarfsermittlung
Bei dieser Art der Bedarfsermittlung müssen Sie sich erst einmal ein deutliches Bild verschaffen, welche Kaufmotive der Kunde überhaupt hat und ihm Fragen stellen. Es sollten vor allem offene Fragen sein, auf die der Kunde nicht mit Ja oder Nein antworten kann, um möglichst viele Informationen zu bekommen. Wenn Sie genug Informationen haben, um passende Artikel vorlegen zu können, dann können Sie die Bedarfsermittlung abschließen und die Ware zeigen.

Die erlebnisorientierte Bedarfsermittlung
Bei der erlebnisorientierten Bedarfsermittlung probiert der Verkäufer im Gespräch mit dem Kunden, die Kaufmotive und Kundenbedürfnisse herauszufinden, indem er ihn in ein Gespräch verwickelt. Der Artikel wird dabei als Ausgangspunkt genommen. So könnten Sie den Kunden, der bei Ihnen eine Hundedecke kauft, fragen, welchen Hund er hat. Wenn Sie einen positiv gestimmten Kunden vor sich haben, können Sie leichter den Bedarf ermitteln und ein freundliches Gespräch führen.

Die indirekte Bedarfsermittlung
Die indirekte Bedarfsermittlung ist für Produkte, die nach Emotionalität ausgewählt werden, sehr gut geeignet. Dem Kunden wird ein Artikel vorgelegt und die Reaktion beobachtet. Fragen Sie den Kunden, was ihm nicht gefällt, sollte er einen Artikel ablehnen. Bei großem Interesse vom Kunden, können Sie alle Sinne des Kunden ansprechen. Lassen Sie ihn probieren oder anfassen, um Gefühle und Emotionen zu wecken.

Trainieren Sie sich regelmäßig zum Thema „Bedarfsermittlung". Sie werden sehen, es lohnt sich und die Kunden sind zufriedener und kommen gerne wieder und auch speziell zu Ihnen.

Fragetechniken

Es gibt verschiedene Arten von Fragen, die unterschiedlich in den Phasen eines Verkaufsgespräches einsetzbar sind. Wir unterscheiden zwischen der offenen und geschlossenen Frageformen: Die direkte Frage (auch W-Frage oder offene Frage genannt) will Informationen vom Kunden erhalten, Zeit gewinnen; Offenheit beim Gegenüber erzeugen, Interesse signalisieren, Kaufsignale erkennen, Abschlussbereitschaft erkennen. Direkte Fragen beginnen immer mit „Wer, Was, Wie, Warum, Wo, Wieviel, Wann“ usw. Der Kunde kann darauf nicht mit Ja oder Nein antworten. Offene Fragen fördern den Dialog mit dem Kunden und sind die wichtigste Frageform überhaupt im Verkauf. Beispiele: „Was halten Sie von dem neuen Halsband?“, „Wann möchten Sie das Katzenstreu mitnehmen?“, „Welches Vogelfutter haben Sie bisher gekauft?“

Ziel der **Suggestivfrage** ist es, den Kunden zur Bestätigung zu bewegen. „Ja“ hilft in der Argumentation mehr als „Nein“, zu erkennen an den Worten „sicher, sicherlich, nicht wahr, oder nicht“. Der Kunde soll mit „Ja“ antworten.
Aber Vorsicht: Wenn der Kunde nicht wie gewünscht antwortet, kann das Gespräch negativ verlaufen. Dann müssen Sie nachfragen und versuchen, eine positive Antwort zu bekommen. Hier hilft dann eher eine offene Frage. Ein „Nein“ beeinflusst den Kunden selbst negativ.
Eingesetzt sollte diese Frageform aber nur werden wenn die Antwort hundertprozentig sicher ist, also bei Selbstverständlichkeiten und bei eher für den Verkäufer belanglosen Dingen.
Beispiele: „Sie kennen doch sicher unser ganzes Vogelsortiment?“, „Haben Sie auch schon die neue Terraristik-Broschüre bekommen?“ usw. Diese Fragetechnik wirkt allerdings schnell manipulativ und der Kunde kann die Absicht erkennen, also bitte nur sparsam einsetzen.

Die **Kontrollfrage** soll zeigen, ob der Kunde zuhört und den Ausführungen des Verkäufers folgen kann bzw. gefolgt ist. Diese Frageform dient eher der Absicherung nach einem Verkaufsgespräch und der Erkennung, ob der Zeitpunkt für den Abschluss gekommen ist. Wenn der Kunde mit „Nein“ antwortet, können Sie mit

einer offenen Frage dem „Nein" auf den Grund gehen. Diese Frageform ist von der Eröffnung bis zum Abschluss möglich. In der Abschlussphase allerdings nur eingeschränkt, weil der Kunde nicht mit „Nein" antworten soll.
Beispiele: „Habe ich alles ausführlich erklärt?", „Haben Sie noch Fragen zum Aquarium?", „Kann ich noch weiter helfen?"

Die **Alternativfrage** soll eine Entscheidung herbeiführen. Der Kunde soll nicht über „Ja oder Nein" nachdenken, sondern über zwei alternative Vorschläge und dann entscheiden. Es müssen also zwei Vorschläge gemacht werden, wobei beide für den Kunden akzeptabel sein müssen.
Beispiele: „Wollen Sie lieber zwei oder drei Packungen Nagerfutter, damit Sie länger auskommen?", „Passt es Ihnen besser am Montag oder am Mittwoch?", „Soll ich die Ware am Mittwoch oder Donnerstag liefern?"
Aber bitte nur realistische Vorschläge machen, keine Übertreibungen. Bei Mengen erst die kleine, dann die größere Menge nennen. Bei Terminen einen Fixtermin und eine Alternative nennen und bei Bedarf den zweiten Vorschlag begründen. Alternativfragen sind also besonders in der Abschlussphase und bei Terminvereinbarungen sinnvoll.

Die **Informationsfrage** bietet dem Kunden Informationen an, die für ihn wichtig sein könnten oder das Gesprächsziel des Verkäufers unterstützen. Die Frageform wird hier gewählt, um das Interesse des Kunden zu wecken und ihm nicht das Gefühl zu geben, dass der Verkäufer ihn belehren will. Beispiele: „Haben Sie zufällig gehört ...?", „Ist Ihnen bekannt ...?", „Haben Sie neulich gelesen ...?", „Ist Ihnen die Studie von Vitakraft bekannt?"
Bieten Sie nur solche Informationen an, die für Ihren Kunden auch wirklich von Wert sind und die zu Ihren Gesprächszielen passen.

Die versteckte Herausforderung ist eigentlich eine Frage. Sie eignet sich besonders für Kunden, die zur Resignation oder zu Widersprüchen neigen. Wesentliches Merkmal der versteckten Herausforderung ist, dass man einem Kunden unterstellt, er sei zu irgendwas möglicherweise nicht in der Lage und soll Widerspruch im positiven Sinn erzeugen. Ziel ist es, dass der Kunde widerspricht – sogar heftig: Versteckte Herausforderungen müssen bewusst und behutsam vorgetragen werden und sind für Verkaufsprofis mit Erfahrung geeignet.
Die Technik der versteckten Herausforderung ist vor allem angebracht, wenn der Kunde gut bekannt ist und der Verkäufer weiß, dass der Kunde zu Widersprüchen neigt.

Die einschränkende Frage ist hilfreich bei Kunden. die zur Übertreibung und Verallgemeinerung neigen. Sagt ein Kunde: „Das kann nicht sein." und der Verkäufer würde entgegnen, dass er übertreibe oder Unrecht habe, würde der Kunde heftig reagieren. Wenn ein Kunde von sich aus nichts zurücknimmt, gibt es die einschränkende Frage. Ziel hierbei ist es, mit einer realistischen Aussage zum weiteren Dialog zu kommen. Der Verkäufer formuliert die Einschränkung in der Frageform und lässt sich dann bestätigen, dass der Kunde eigentlich das hat sagen wollen. Die einschränkende Frage ist ein brauchbarer Ansatz für den weiteren Dialog.
Beispiel: „Wenn ich Sie recht verstanden habe, wollen Sie damit sagen...", „Ist es richtig, dass..."

Die taktische Gegenfrage funktioniert so, dass sich der Verkäufer unbeeindruckt von den Gegenargumenten des Kunden zeigt und einen ihm wichtig erscheinenden Punkt aufgreift. Es könnte auch etwas sein, dass der Kunde vernachlässigt oder übersehen hat. Diesen Punkt formuliert der Verkäufer zu einer taktischen Gegenfrage um. Er muss hier genau kombinieren, worauf der Kunde Wert legen könnte oder welchen Aspekt er bei seinem Einwand nicht bedacht hat. Diese Methode verlangt viel Übung.

Vorsicht bei der **provozierenden Frage**, damit greifen Sie Ihren Gesprächspartner an. Sie sollten diese Fragen nur in Ausnahmesituationen stellen. Ziel ist es, einen beispielsweise introvertierten Kunden aus der Reserve zu locken. Nur einzusetzen bei Kunden, die abblocken und generell nicht kaufen wollen. Beispiele: „Warum sind Sie so ablehnend eingestellt?", „Warum haben Sie das vorher nicht schon ausprobiert?". „Wollen Sie wirklich zusehen, wie das Angebot an Ihnen vorbeigeht?"

Die Gegenfrage hilft Ihnen, Zeit zu gewinnen. Dies ist besonders empfehlenswert, wenn Sie die Antwort spontan nicht wissen oder eine provokative Frage vom Kunden zurückgeben möchten. Dadurch erreichen Sie, dass das Problem zumindest vorübergehend bei Ihrem Gesprächspartner und nicht bei Ihnen liegt. Beispiel: „Wie meinen Sie das?", „Wie darf ich das verstehen?"

Die Stimulierungsfrage (Motivationsfrage) versetzt den Kunden in eine positive Stimmung. Eine gute Frageform, wenn der Verkäufer das Gefühl hat, dass den Kunden etwas bedrückt. Den Kunden direkt zu fragen wie es ihm geht, ist nicht immer sinnvoll, da die meisten Kunden nicht unbedingt mit der Wahrheit rausrücken, wenn diese ein echtes privates Problem haben. Besser ist es, mit einer Frage zu stimulieren. Beispiele: „Haben Sie unseren Tipp selbst ausprobiert?", „Wie sind Sie auf diese tolle Idee gekommen?" Wenn Sie dem Kunden ein Lob in Frageform aussprechen, dann ist es besonders wirkungsvoll, wenn Sie vorher wissen, dass Ihr Gesprächspartner dafür verantwortlich ist.

Die hypothetische Frage ist eine Frageform, zu deren Beantwortung sich der Kunde in Situationen versetzen muss, in denen er tatsächlich nicht ist. Wenn es im Verkaufsgespräch zu einem Stillstand kommt, können hypothetische Fragen helfen. Diese Frageform ist eine offene Frageform und auch gut einsetzbar bei Kunden, die hohe Rabattforderungen stellen oder die mit ihrem Vorschlag nicht einverstanden sind. Beispiele: „Angenommen, das Problem wäre gelöst, was wäre dann?“, „..., was wäre dann anders?“, „Welche Menge würden sie abnehmen, wenn ich Ihnen mehr Rabatt gebe?“ Diese Frageform kann helfen, zu neuen Lösungen oder Gedankengängen zu kommen.

Die rhetorische Frage ist für den Verkäufer am besten verwendbar, weil damit ein Dialog fingiert werden kann. Der Verkäufer kann die Fragen, die der Partner nicht formuliert, deren Beantwortung aber wichtig ist, selbst stellen. Er kann sie dort einbauen, wo es richtig ist, und so beantworten, wie es ihm am günstigsten erscheint. Nachteilig ist, dass der Kunde ausgeklammert wird. Beispiele: „Und wer möchte nicht mehr sparen?“, „Weshalb verwenden jetzt 70 Prozent unserer Kunden unser Produkt?“, „Wer möchte nicht, dass sein Tier gesund bleibt?“ Die rhetorische Frage muss in den Raum gestellt werden, darf also das „Sie“ nicht enthalten, sonst antwortet der Partner auf eine ihm gestellte Frage. Mit einer rhetorischen Frage kann man auch eine Rede gut einleiten.

Fazit: Die ‚offene Frage‘ ist in einem Verkaufsgespräch gut geeignet und sollte so viel wie möglich eingesetzt werden, denn Sie als Verkäufer wollen ja etwas vom Kunden erfahren!

Aufmerksam zuhören.

Neben der Fragetechnik ist das aktive Zuhören die wichtigste Eigenschaft eines guten Verkäufers, denn das Zuhören ist eine intensive Form der Zuwendung, indem Sie dem Kunden Ihre wertvolle Zeit geben. Wenn Sie dem Kunden aufmerksam zuhören, wird er anschließend auch Ihren Ausführungen oder Präsentationen folgen. Außerdem können Sie die Aussagen des Kunden eventuell in Ihrer späteren Argumentation verwenden.

Aktives Zuhören ist der zentrale Punkt im ersten Teil des Verkaufsgespräches, in dem die Wünsche des Kunden ermittelt werden sollen. Daraus ergeben sich folgende Vorteile:

- Zuhören kann Spannung erzeugen. Wenn man dem Kunden die Möglichkeit gibt, sich sein Problem „von der Seele zu reden", trägt das dazu bei, die Gesprächsatmosphäre zu reinigen und mögliche Feindseligkeiten abzubauen.
- Man lernt beim Zuhören sowohl etwas über das Thema, über das gesprochen wird, als auch über den Kunden.
- Zuhören erhöht die Kooperationsbereitschaft. Wenn jemand das Gefühl hat, dass Sie wirklich an seinen Problemen interessiert sind, wird er Sie und das Unternehmen respektieren.
- Zuhören steigert Ihren Verkaufserfolg. Stellen Sie wohlüberlegte Fragen und hören Sie dann gut zu, denn Sie verkaufen dabei gleichzeitig die Idee oder das Produkt.
- Zuhören schützt Sie vor Unannehmlichkeiten. Oft reden wir, ohne zuerst der anderen Seite zugehört zu haben, preschen vor, treffen Entscheidungen, die wir später am liebsten wieder zurückziehen würden; üben Kritik, die wir später bedauern; oder verpflichten uns zu Handlungen, die wir nicht ausführen können oder wollen. Erst zuhören – dann reden.
- Zuhören gibt Ihnen Selbstvertrauen. Wenn Sie dem Verlauf einer Diskussion aufmerksam folgen, können Sie sicher sein, dass das, was Sie sagen, für das Thema bedeutsam ist. Wenn Sie den Argumenten des Partners aufmerksam folgen, können Sie sie auch präzise widerlegen. Beim aufmerksamen Zuhören können Sie Schwachstellen in der Argumentation des anderen ausfindig machen.
- Zuhören gibt Ihnen Zeit zum Denken. Sie können diese Zeit nicht nur zum besseren Verständnis des Gesagten verwenden, sondern sich gleichzeitig auch Antworten bereitlegen, Entscheidungen treffen und Handlungen planen.

- Lassen Sie den Kunden immer ausreden.
- Hören Sie geduldig zu, gerade bei widersprechenden Kunden.
- Bleiben Sie ruhig und sachlich.
- Geben Sie auf Ihre Frage nie selbst die Antwort.
- Vermeiden Sie Unterbrechungssignale: mit dem Autoschlüssel spielen, Unterlagen einpacken, ins Wort fallen, Blick schweifen lassen, unruhig hin und her bewegen.
- Geben Sie Signale, dass Sie zuhören und an der Meinung des Kunden interessiert sind, zum Beispiel mit folgenden Aussagen:„ Ja", „Das ist interessant", „Ein wichtiger Hinweis", „Tatsächlich?".
- Stellen sie direkte Fragen zum Thema. Es gibt kaum ein Mittel, mit dem Sie dem Anderen besser zeigen können, dass Sie ihm zugehört haben, als weiterführende Fragen. Das können nur offene Fragen sein (Was, Wer, Wie, Wann, Warum). Zum Teil können Sie hier auch alternative Fragen einsetzen und den Kunden mit einbeziehen. Beschränken Sie sich aber soweit wie möglich auf offene Fragen.
- Zeigen Sie dem Kunden immer, dass Sie noch da sind. Das heißt im persönlichen Gespräch vor allem durch Blickkontakt und Nicken und am Telefon durch deutliche akustische Signale, damit der Kunde merkt, dass Sie noch in der Leitung sind.
- Hören Sie nicht nur das, was der Kunde sagt. Versuchen Sie herauszufinden, was der Kunde meint (nachfragen).
- Wenn Sie selbst dem Kunden das Zuhören erleichtern wollen, sollten Sie in Ihrer Argumentation kurze, knappe Sätze verwenden. Vergessen Sie auch nicht, hin und wieder eine Wirkungspause einzulegen.

Sprache und Körpersprache

Untersuchungen haben gezeigt, dass die akustischen, visuellen und kinästhetischen (Bewegungswahrnehmung) Signale vom Menschen in folgender Reihenfolge im Gedächtnis behalten werden: Gelesenes ca. 10 Prozent, Gehörtes ca. 20 Prozent, Gesehenes ca. 30 Prozent und Gefühltes ca. 80 Prozent.

Um das Verhalten auf den Kunden abzustimmen und eindeutig zu kommunizieren, ist die Harmonisierung folgender Bereiche Voraussetzung: Sprache, Wortschatz und Satzbau, Stimme und Sprechweise, Gestik und Mimik sowie Körpersprache und Erscheinungsbild. Es ist also wichtig, dass wir alle Kommunikationsmittel ausschöpfen, also die verbale Kommunikation durch das miteinander sprechen und die nonverbale durch die Signale der Körpersprache.

Die Macht der Worte

Besonders im Verkaufsgespräch sollte sich jede Verkäuferin und jeder Verkäufer der ‚Macht der Worte' und ihre Wirkung auf den Kunden bewusst sein. Häufig sind es nur wenige Worte, die den Abschluss beflügeln oder verhindern. Ein altes Sprichwort lautet: „Sprich, damit ich Dich sehe." Die gesprochenen Worte erlauben dem guten konzentrierten Zuhörer den Einstieg in die Richtung des Gesprächs. Der Mensch offenbart oder entlarvt sich durch das Wort. Mit der Sprache kann also

korrigiert oder vertieft werden, was Körpersprache und Aussehen erzeugen. Mit der richtigen Wortwahl und einer guten Rhetorik kann sogar ein negativer erster Eindruck noch korrigiert werden.

Der gute Verkäufer muss mit dem Wort spielen und kreativ kombinieren können, damit er seine Aktionen auf den Einzelfall zuschneiden kann, dazu braucht der Verkäufer einen guten Wortschatz und muss über die Fähigkeit verfügen, das Wort treffend und wirksam zu setzen. Auch die Begeisterung für seine Verkaufstätigkeiten hört man aus dem, was er sagt, die Identifizierung mit dem Produkt teilt sich deutlich mit. Leider kommt es wegen mangelhafter Sprechtechnik, falschem Verhalten und auch negativen Formulierungen häufig zu Problemen beim Empfangen der Informationen. Dieses fehlerhafte Gesprächsverhalten beeinträchtigt die Atmosphäre in einem Verkaufsgespräch zwischen Kunden und Verkäufer.

Die Elemente richtiger und guter Sprechtechnik sind:

- Betonung
- Stimmlage
- Bildhafte Sprache
- Wortschatz
- Aussprache
- Ausdrucksvermögen

Es gilt auch, negative Begriffe, zu vermeiden. Das sind unnötige Worthülsen und Konjunktive, welche eine getroffene Aussage verwässern. Solche Sprachmarotten und Reizwörter (eigentlich, könnte, sollte, eventuell, im Regelfall, trotzdem, aber, dennoch, müssen, warum) verunsichern den Kunden.

Weitere Reizformulierungen, die zum Weghören veranlassen könnten sind u.a.: „Ja, das sagten Sie...", „Wenn Sie ehrlich sind...", „Sie sollten das nicht tun...", „Bei meinen Erfahrungen...", „Sie werden das nicht tun...", „Das trifft auf keinen Fall zu...", „Sie können doch nicht sagen....", „Als Fachmann sage ich Ihnen...", „Sie müssen mir doch zugeben...", „Das müssen Sie doch einsehen...", „Sie irren sich, wenn Sie glauben...", „Sie müssen schon entschuldigen...", „Da sind Sie aber auf dem Holzweg...", „Wie können Sie so etwas behaupten...", „Jeder vernünftige Mensch weiß doch...", „Das können Sie mir doch nicht erzählen...", „Nein, das dürfen Sie nicht...." (Warum nicht?), „Ach Quatsch, ich bin doch nicht von gestern...", „Na, aber hören Sie mal, das ist doch Unsinn...", „Wie ich Ihnen schon ausführlich erklärt habe...", „Sie haben mich wohl nicht richtig verstanden...", „Da hat mir ein Fachmann kürzlich etwas anderes gesagt als", „Sie müssen...", „Unbestritten...", „Unzweifelhaft...", „Sie dürfen nicht...", „Sie müssen nicht..."

Gute Sprache im Verkauf umfasst also Ausdrücke und Formulierungen, die dem Kunden das Verständnis und Verstehen von Inhalten erleichtern.

Häufige Fehler und Problemquellen entstehen, wenn der Verkäufer

- beim Sprechen nuschelt
- zu schnell redet und keine Sprechpausen einlegt
- so (zu) laut spricht, dass jeder im Laden mithören kann.
- den Kunden mit seinen Fachkenntnissen und Fachausdrücken „erschlägt"
- sehr langsam und monoton spricht und den Kunden langweilt
- eine sehr saloppe Ausdrucksweise hat

Beachten Sie immer:

- Betonen Sie wichtige Aussagen in der Argumentation
- Sprechen Sie nicht zu schnell
- Benutzen Sie nicht zu viele Fachausdrücke, die der Kunde nicht kennt
- Machen Sie Pausen nach wichtigen Aussagen
- Sprechen Sie normal-nicht zu tief-nicht zu hoch
- Nutzen Sie die Erkenntnis, dass die meisten Menschen in Bildern denken
- Bilden Sie kurze und grammatikalisch richtige Sätze
- Sprechen Sie Ihre Worte deutlich und klar aus

So können Sie Ihre Sprachtechnik üben:
Wenn Sie diese Sätze mit dem Handy oder einem Diktiergerät aufnehmen und genau anhören, wird sich Ihre Aussprache mit der Zeit bessern:

- Blaukraut bleibt Blaukraut und Brautkleid bleibt Brautkleid.
- Fischers Fritze fischt frische Fische. Frische Fische fischt Fischers Fritze.
- Es klapperte die Klapperschlange, bis ihre Klappern schlapper klangen.
- Es saßen zwei zischende Schlangen zwischen zwei spitzen Steinen und zischten sich zuweilen zischend zu.
- Wir Wiener Waschweiber würden weiße Wäsche waschen, wenn wir Wiener Waschweiber wüssten, wo weiches warmes Wasser wäre.
- Zwischen zweiundzwanzig schwankenden Zwetschgenzweigen zittern zweiundzwanzig zwitschernde Zugvögel.
- Am zehnten zehnten zehn Uhr zehn zogen zehn zahme Ziegen zehn Zentner Zucker zum Zoo.
- Was macht ein kleines Mückentier doch für verfluchte Tücken mir
- Ich spüre Mück- und Mückenstich, sie stechen noch zu Stücken mich.
- Sieben Schneeschipper schippen sieben Schippen Schnee. Sieben Schippen Schnee schippen sieben Schneeschipper.
- Schnecken erschrecken, wenn sie an Schnecken schlecken, weil zum Schrecken vieler Schnecken, Schnecken nicht schmecken.
- Lili liebt lila Luftballons. Liliane kann lila Luftballons nicht leiden.

Die Körpersprache
„Man kann nicht **nicht** kommunizieren", lautet ein Satz von Paul Watzlawick .Jede Kommunikation (nicht nur mit Worten) ist Verhalten und genauso wie man sich nicht nicht verhalten kann, kann man nicht **nicht** kommunizieren.

Kommunikation ist dabei nicht nur auf Verbales reduziert. Körpersprache ist eine Form der nonverbalen Kommunikation, die sich durch Gestik, Mimik, Körperhaltung, Habitus und anderen bewussten oder unbewussten Äußerungen des menschlichen Körpers ausdrückt. Ein Lächeln sagt mehr als tausend Worte, weiß der Volksmund. Tatsächlich tauschen wir ständig nonverbale Botschaften aus. Manchmal sind die Signale eindeutig, manchmal verstehen wir sie falsch.

Der Körper ist niemals stumm. Wenn Menschen zusammenkommen, reden sie miteinander – auch wenn sie nicht sprechen. Die vorgereckte Brust ist ebenso eine Botschaft wie die kleine Veränderung der Sitzhaltung, die geöffnete Handfläche ebenso wie die Farbe der Krawatte oder das dezente Parfüm.

Mimik, Gestik, Haltung und Bewegung, die räumliche Beziehung, Berührungen und die Kleidung sind wichtige Mittel der nonverbalen Kommunikation. Auf diese

Weise klären wir untereinander, ob wir uns sympathisch sind und ob wir uns vertrauen können. Der Körper verrät unsere wirklichen Gefühle, wer wir sind und was wir eigentlich wollen. Die nonverbalen Botschaften sind oft unbewusst und gerade deshalb so machtvoll. Ohne Körpersprache sind die täglichen sozialen Beziehungen gar nicht möglich.

Untersuchungen haben ergeben, dass 95 Prozent des ersten Eindrucks bestimmt werden durch Aussehen, Kleidung, Haltung, Gestik , Mimik, Sprechgeschwindigkeit, Stimmlage, Betonung und Dialekt und nur fünf Prozent durch das Wort. Und diese Einschätzung geschieht in weniger als einer Sekunde. Weil wir das körperliche Verhalten schwerer kontrollieren und beherrschen können als die verbalen Aussagen, gilt die Körpersprache als ehrlicher und echter. Aber hier lauern auch viele Missverständnisse. Ist unser erster Eindruck immer richtig?, Sind unsere Botschaften eindeutig und werden wir verstanden?

Die Wissenschaft geht davon aus, dass bestimmte Basisgefühle wie Angst, Furcht, Glück, Trauer oder auch Überraschung bei allen Menschen bestimmte nonverbale Ausdrucksformen hervorrufen. So gilt beispielsweise das Stirnrunzeln in so gut wie allen menschlichen Kulturen als Zeichen von Ärger. Das Lächeln wird weltweit als positives Signal und Sympathiezeichen eingesetzt.

Mimik und Gestik

Der Blick der Augen hinterlässt einen intensiven Eindruck, nicht nur beim Flirt. Wenn wir angeblickt werden, fühlen wir uns beachtet. Blickzuwendung kann Aufmerksamkeit, Zuneigung oder Freundlichkeit bedeuten. Den Blickkontakt zu meiden, signalisiert dagegen oft Desinteresse, Gleichgültigkeit oder auch Scham. Und ein zu langes Anstarren wird meist als aufdringlich und aggressiv empfunden. Die Augenbewegung ist ein wichtiger Bestandteil der Mimik. Daran können wir die seelischen Vorgänge eines Menschen am besten ablesen. Pokerspieler versuchen deshalb, durch einen starren Gesichtsausdruck zu verhindern, dass ihr Gesicht verrät, wie gut oder schlecht ihre Spielkarten sind.

Eine Faust mit nach oben gestrecktem Daumen wird in vielen Teilen der Welt als Zeichen der Zustimmung verstanden. Aber in manchen Gegenden ist es eine Geste der Obszönität, beispielsweise in Sardinien, in Teilen von Westafrika oder Nahost. So ist es mit vielen der bewusst geformten Handzeichen, sie sind ein Bestandteil der Kommunikation einer bestimmten Kultur und können auch nur dort richtig verstanden werden. Diese bewussten Gesten machen jedoch nur einen Teil der Gestik aus, die die Gesamtheit unserer Handbewegungen bezeichnet.

Häufiger und vielfältiger bewegen sich unsere Hände, wenn wir sprechen. Diese Gesten sind meist unbewusst. Sie verstärken und begleiten die verbale Rede. Auch Menschen, die glauben, ihre Hände ruhig zu halten, unterstreichen ihre Worte durch Handbewegungen.

Die Körperhaltung

Man sagt, wer sicher steht, hat einen ausgeprägten Realitätssinn oder ist selbstbewusst. Eine gerade Haltung zeige einen aufrechten Charakter. Die Körperhaltung soll demnach Aufschluss über Wesenszüge des Menschen geben. Es gibt auch einen Zusammenhang zwischen der seelischen und der körperlichen Lage. Wenn wir traurig sind, sind wir zusammengesunken, die Schultern hängen herab und wir wirken kraftlos und verschlossen. Eine offene Haltung im Brustbereich dagegen signalisiert Furchtlosigkeit und Selbstbewusstsein. Wer sich im Verkaufsgespräch vorbeugt, zeigt, dass er aufmerksam zuhört, wer nervös an der Kleidung fummelt, gilt eher als unsicher. Der Mann reckt seine Brust, was stärker wirkt, die Frau schlägt eher ihre Beine übereinander, um ihre Anmut zu zeigen. Junge Menschen sitzen oder stehen lässiger, um einen Protest oder Widerstand auszudrücken.

Auch die Distanz zu anderen Menschen ist von Bedeutung. Es gibt Studien, die zeigen, dass Menschen in Warteschlangen, Verkehrsstaus oder bei Bahngedränge mit hohem Stress reagieren. Nicht wegen des steigenden Termindrucks, sondern wegen der menschlichen Nähe. Körperhaltungen kann man sich antrainieren, um diese gezielter einzusetzen und um positiver zu wirken.

Abstand oder Nähe

Die öffentliche Zone umfasst einen Umkreis von mehr als 3,60 Metern Abstand und ist für die meisten Menschen unproblematisch. Bei dieser Entfernung nehmen wir Signale anderer Menschen kaum wahr und fühlen uns nicht bedroht.

Die soziale Zone reicht von 1,20 bis 3,60 Metern . Es ist der klassische Abstand zu Fremden. Wer so viel Abstand hält, belästigt niemanden.

Die persönliche Zone oder auch Privatsphäre ist Kollegen oder Bekannten vorbehalten. Sie dürfen dabei zwischen 60 Zentimeter und einen Meter an uns heranrücken. Es ist zugleich die Zone, in die jemand beim Begrüßen oder gegenseitigem Vorstellen eindringt. Der sogenannte Armlängenabstand ist auch die unsichtbare Grenze beim Smalltalk, bei Konversationen oder einem Verkaufsgespräch. Deshalb sollten sich Fremde in dieser Gesprächsdistanz nur langsam nähern, wenn sie nicht gleich Vorbehalte schüren wollen.

Die intime Zone verlangt von unserem Gegenüber ca. 60 Zentimeter Abstand oder eine halbe Armlänge als Richtwert. Diese Distanz bleibt Lebenspartnern, Freunden und Verwandten überlassen.

Das Distanzempfinden ist kulturell geprägt. In Japan etwa wird ein größerer Abstand bevorzugt als in europäischen Ländern. Auch bei Berührungen sind kulturelle Unterschiede festzustellen. In den westlichen Ländern haben sich Berührungen zwischen Freunden und Bekannten, Umarmungen und Küsse auf Wange oder Mund weitgehend durchgesetzt.

Kleidung und Schmuck.

Den Satz „Kleider machen Leute“ kennen alle Menschen. Neben der Berufskleidung, die meist aussagen soll, wer dazu gehört, gibt es andere Situationen, wo die Kleidung aussagekräftig ist. Vor einem Bewerbungsgespräch überlegen wir sehr genau, was wir anziehen. Wir wissen, wie wir Trauer durch Kleidung zeigen oder wie wir durch auffällige und teure Accessoires beeindrucken können. Wir können also durch unsere Kleidung deutliche Botschaften aussenden. Frauen, wie sie sich schminken, welchen Rock sie anziehen, bei Männern welche Krawatte oder Hose am besten eine positive Ausstrahlung erzeugt. Kleidung und Schmuck sind ebenfalls Ausdrucksformen der Körpersprache.

Das assoziiert unsere Körpersprache:

Ausdruck	**Mögliche Bedeutung**
Hand in der Hosentasche	verschlossen, will täuschen
Kopf ist aufgerichtet	selbstsicher, aufgeschlossen
Kopf ist zur Seite geneigt	mitfühlend, kooperativ
Kopf wird zurückgeworfen	herausfordernd
Oberkörper vorgebeugt	interessiert, offen
Oberkörper zurückgeneigt	zurückweichend, verschlossen
Beine zum Partner hingewand	offen, Zuwendung
übereinander geschlagen	
Beine vom Partner abgewandt	grenzt sich ab
übereinander geschlagen	

Distanz	**Mögliche Bedeutung**
nähert sich schnell	freut sich, begeistert, bestimmt
Abstand unter 1,2 Meter	sicher, aufdringlich
Abstand über 1,2 Meter	förmlich, unsicher
sitzt gegenüber	abwartend, distanziert
sitzt nebeneinander	offen, selbstsicher

Gestik und Mimik	**Mögliche Bedeutung**
fester Händedruck	selbstsicher, selbstbewusst
Schultern hochziehen	hilflos, unsicher
Streicheln von Gegenständen	feinfühlig, sensibel
Finger spielen mit Gegenständen	nervös, unaufmerksam
Daumen geht nach oben	zeigt Dominanz, selbstsicher
Falten der Hände	abwehrend, unsicher
Handfläche erhoben zum Partner	abwehrend
Hände reiben aneinander	selbstzufrieden
Hand verdeckt den Mund	unsicher, befreit sich vom Druck
Kragen wird gelockert	nachdenklich
an die Nase greifen	ertappt, betroffen
Finger trommeln auf den Tisch	ungeduldig, keine Zeit
entfernt Staub	nachdenklich
nimmt Brille ab	hat noch Bedenken
putzt die Brille	will noch Zeit gewinnen
Blick zur Seite	ausweichend

Fachwissen im Verkaufsgespräch

Neben der positiven Kommunikation im Verkaufsgespräch, erwarten Kunden eine kompetente und fachliche Beratung. Durch das Internet sind viele Kunden vor dem Einkauf gut informiert. Das bedeutet für die Mitarbeiter, dass sie besser als in der Vergangenheit informiert sein müssen, um auch eventuelles ‚Falschwissen' korrigieren zu können.

Neben gutem Service kann gerade hier der Handel versuchen, zu punkten, um sich vom Internetkauf positiv abzugrenzen. Ein gutes Warenwissen hat auch den Vorteil, dass es leichter fällt, den Nutzen für den Kunden aufzuzeigen. Viel zusätzlicher Umsatz geht immer noch durch fehlendes Warenwissen verloren, das besonders im Zusatzverkauf von großem Nutzen ist.

Gute Informationsquellen sind:

- Lehrgespräche mit erfahreneren Kollegen und dem Außendienstmitarbeiter. Prospekte, Broschüren und auch Musterware kann bei der Kundenberatung helfen.
- Auch „googeln“ kann hilfreich sein, aber Vorsicht, nicht alles stimmt, was Sie im Internet finden.
- Fachliteratur und Warentests (kann auch in Bibliotheken ausgeliehen werden).
- Fachmessen, Seminare und auch Online-Seminare sowie Meetings der eigenen Firmengruppe oder des Verbandes können besucht werden.
- Wettbewerbsbeobachtung ist wichtig, jeder sollte über Sortimente und die Preise der Konkurrenz informiert sein.
- Der direkte Kontakt zur Ware (Muster ausprobieren) ist eine wichtige Quelle für das Warenwissen. Am besten sollte dies dokumentiert werden. Erarbeiten Sie sich einen „Warensteckbrief“, auf den alle zugreifen können.
- Weitere Informationsquellen sind Gespräche mit Kunden und deren Rückmeldungen. Die Meinungen der Kunden können sehr unterschiedlich sein. Aber sie helfen, Artikel besser bewerten und einschätzen zu können. Seien Sie vorsichtig mit Aussagen wie z.B. „Der Artikel wird gern oder viel gekauft“. Dieses Argument wirkt auf viele Kunden eher abschreckend.

Kunden-Nutzen-Argumentation

Der Kunde kauft den zu erwartenden Nutzen und nicht das Produkt. Es kommt nicht nur darauf an, was Sie sagen, sondern wie Sie das Angebot formulieren. Zu einem positiven und überzeugenden Gesprächsverlauf gehört immer eine kundenbezogene Argumentation, denn für jedes Produkt lassen sich zahlreiche Verkaufsargumente finden. Diese alle aufzuzählen, würde den Kunden langweilen oder ermüden, weil nicht jedes Argument für ihn von Belang sein muss. Entscheidend ist also, dass Sie es schaffen, nur die für den Kunden wichtigen Argumente herauszufinden. Nutzen Sie hier die Erkenntnisse aus der Bedarfsermittlung. Das Verkaufsgespräch sollte eher zu einem Dialog, nicht zum Monolog werden.

Einige Beispiele:

- Warenmerkmal: Dieses Hundekissen ist weich und pflegeleicht, wärmt auf kalten Böden, schützt Polstermöbel vor Schmutz und Tierhaaren.
  Kundennutzen: Das heißt für den Kunden, dass er wenig Arbeit mit der Pflege haben wird und sich nicht über Hundehaare auf dem Sofa ärgern muss.
- Warenmerkmal: Diese Heckenschere ist extrem leise.
  Kundennutzen: Er muss nicht zusätzlich einen Gehörschutz aufsetzen, wird keinen Ärger mit dem Nachbarn bekommen.
- Warenmerkmal: Diese Jacke hat zwei schräge Taschen, zwei Brustpattentaschen mit Knopf und eine Ärmeltasche mit drei Stiftfächern.
  Kundennutzen: Viele kleine Werkzeuge und mehr kann der Kunde in der Jacke unterbringen.

Benutzen Sie Überleitungen, an denen der Kunde seinen persönlichen Vorteil deutlich erkennt:
- Das heißt für Sie...,
- Das bedeutet für Sie...
- Was wir uns heute noch ansehen sollten ist ...
- Hier gibt es etwas, das Sie unbedingt kennenlernen sollten!
- Was Sie in diesem Zusammenhang garantiert wissen sollten, ist ...
- Komplett wird es, wenn ..."

Viele Produkte haben sogenannte Alleinstellungsmerkmale, auch Unique Selling Proposition, kurz: USP genannt. Sie sind ein einzigartiges Verkaufsversprechen eines Produkts oder einer Leistung. Die Einzigartigkeit kann zum Beispiel im Design, im Produktnutzen oder im Preis liegen. Besonders gut einsetzbar, wenn das vorherrschende Kaufmotiv des Kunden Prestige oder Image ist.

Wenn Sie unsicher sind (z.B. bei neuen Produkten), üben Sie bei bekannten und „leichteren" Kunden. Diese verzeihen Fehler eher, oder üben Sie mit Kollegen.

Die Reihenfolge der Argumente

Sie haben für Ihr Produkt mehrere Argumente, in welcher Reihenfolge bringen Sie sie in die Verhandlung ein? Das stärkste Argument darf nicht am Anfang stehen; andernfalls bekommt Ihre Argumentation fallende Tendenz. Es darf kein schwaches Argument am Anfang stehen, sonst denkt der Kunde „Mehr hat er nicht zu bieten?", das erzeugt Desinteresse.

Starke und weniger starke Argumente müssen wechseln, damit die Spannung erhalten bleibt. Das zweitstärkste Argument heben wir bis zum Schluss als letzte Reserve auf.

Die Reihenfolge der Argumente sollte auch nach den vorherrschenden Kaufmotiven des Kunden ausgerichtet werden. Das Kernargument sollte öfter wiederholt werden. Was immer Sie im Verkaufsgespräch besonders herausstellen wollen – eine Zahl, eine Eigenschaft oder einen Termin – wiederholen Sie das entscheidende Wort.

Beispiel: „Bei diesem Hundeschergerät erhalten Sie fünf Prozent Rabatt, was einen Wert von 12 Euro ausmacht."
Eine andere Möglichkeit ist es, am Ende der Argumentation als Zusammenfassung die wichtigsten zwei bis drei Argumente zu wiederholen. Im Idealfall sind es die Argumente, die der Kunde bereits bestätigt hat.

- Sie sollen überzeugen, nicht überreden
- Kurze, präzise Argumente zeigen den Nutzen nachhaltig auf
- Optimistische, positive Ausstrahlung
- Fremdworte vermeiden, die der Kunde möglichrweise nicht kennt
- Zeigen Sie Bilder-Muster
- Lebhafte Stimme und Blickkontakt
- Benutzen Sie Überleitungen, woran der Kunde seinen Vorteil erkennt: „Das heißt für Sie...,das bedeutet für Sie"...
- Das letzte Wort eines Satzes oder das letzte Argument bekommt ein besonderes Gewicht. Deshalb behalten Sie ein starkes Argument in Reserve, um zum Schluss die letzten Zweifel auszuräumen.
- Achten Sie auf die Kaufsignale des Kunden und kommen sie rechtzeitig zum Ende. Hier ist die goldene Regel: Sofort eine Abschlussfrage stellen.
- Kaufsignale können sein: Kopfnicken, „Ja, interessant", Detailfragen zum Produkt, Fragen nach Garantie, Verwendung usw., Der Griff zum Produkt, deutliche Bestätigung einer Verkäuferaussage.

Einwände des Kunden

Nicht immer führt ein Verkaufsgespräch sofort zu einem guten Abschluss. Es kommt oft vor, dass Kunden nicht zufrieden sind, weil ihre Wünsche oder ihr Bedarf noch nicht erfüllt sind, In vielen Fällen sind eine mangelhafte Bedarfsermittlung mit den falschen Fragen oder auch unpassende Argumenten die Ursache. Zuerst müssen wir herausfinden, ob der Einwand auch ernst gemeint ist. Viele Kundenwiderstände sind oft nur Vorwände. Es sind Schutzbehauptungen, auch subjektive Einwände genannt, die nur vorgeschoben werden. Oft ist der Kaufwunsch noch nicht groß genug, darum werden Einwände erfunden.

Es gibt einen Unterschied zwischen Vorwänden und Einwänden. Der Vorwand ist meist ein vorgeschobenes „Nein", der Einwand signalisiert eine Unsicherheit des Kunden bezüglich eines Produkts. Nur wer genau hinhört und auf die Argumente der Kunden achtet, kann Einwände von Vorwänden unterscheiden. Einwände sind auch Chancen für uns, wenn wir diese richtig zur Zufriedenheit beantworten. Gleiches gilt auch für Reklamationen.

- Einwände sind eine Möglichkeiten der Klarstellung.
- Einwände bieten eine Diskussionsplattform.
- Einwände fordern den Verkäufer heraus.
- Einwände dienen als Kompass für die Gesprächsführung.
- Einwände werden oft nur als allgemeiner Vorwand in den Raum gestellt.
- Einwände sind Leuchttürme auf dem Weg zum Auftrag.
- Einwände sind Fragen an den Verkäufer, warum der Kunde kaufen soll.

Hören Sie genau zu, was der Kunde zu sagen hat und unterbrechen Sie ihn nicht. Er soll seinen Ärger loswerden (Luft ablassen). Erst dann reagieren Sie. Die beste Reaktion ist es, eine Frage zu stellen, anstatt sofort ein Gegenargument zu starten. Mit offenen Fragen reagieren.

Einwand: „Das ist doch Unsinn!"
Frage: „Wo liegen Ihre Bedenken?"
Einwand: „Das Freigehege ist viel zu teuer."
Frage: „Womit vergleichen Sie den Artikel?"
Einwand: "Ich glaube, ich überlege mir das noch..."
Frage: „Welche Infos fehlen Ihnen noch?"
Einwand: „Im Internet ist der Artikel billiger."
Frage: „Auf welcher Seite haben Sie das gesehen?"

Die **Ja, aber-Methode** ist ein Mittel, um mit unterschiedlichen Ansichten umzugehen. Sie soll den Einwand des Kunden zunächst positiv aufgreifen, indem er

mit einem „Ja“ bestärkt wird. Im Anschluss daran wird durch ein „Aber“ die eigene Meinung in den Vordergrund gestellt, ohne das Reizwort „Aber“ zu sagen.
Aussage: „Sie haben ja als Auszubildender keine Ahnung.“
Antwort: „Ich verstehe Ihre Zweifel, kann Ihnen jedoch versichern, dass ich in dieser Abteilung bereits Fachmann bin.“
Aussage: „Der Furminator ist aber teuer.“
Antwort: „Das sieht nur auf den ersten Blick so aus, weil Sie alle Vorteile noch nicht alle genau kennen.“

Bei der **Bumerang-Methode** kommt der Einwand wie ein Bumerang zum Kunden zurück, allerdings mi der entsprechenden Lösung. Mitunter stecken hinter Einwänden Kaufmotive oder Wünsche. Diese müssen erkannt werden, um kundengerechte Lösungen anzubieten.
Aussage: „Das ist mir zu teuer.“
Antwort: „Das verstehe ich. Auf den ersten Blick wirkt der Preis hoch, wenn man noch nicht alle Vorteile genau kennt. Lassen Sie mich bitte erklären...“

Mit der **Analogie-Methode** bringen Sie ein Beispiel, bei dem sich der Kunde mit Sicherheit anders verhalten würde, als er eben argumentiert hat. Findet er den Preis zu hoch, so versuchen Sie ihm zu zeigen, dass er in anderen Fällen auch nicht nur den Preis sieht.

Beispiele:
„Was hilft ein billiges Nagerhaus, wenn es schnell kaputt geht“, „Was nützt Ihnen ein billiger Rasenmäher, wenn Sie hinterher laufend Ärger damit haben?“
Das Wichtigste auch hier ist: Hören Sie genau zu, was der Kunde zu sagen hat und unterbrechen Sie nicht. Erst wenn er seinen Ärger losgeworden ist, dürfen Sie reagieren. Die beste Erstreaktion ist, eine Frage zu stellen, anstatt sofort ein Gegenargument zu starten. Zeigen Sie Verständnis, geben Sie dann erst Ihre passende Antwort.

„Ich kann verstehen, dass Sie noch Bedenken haben, da Sie schon schlechte Erfahrungen gemacht haben...“, „Bei uns können Sie die Kundenkarte jederzeit ohne Fristeinhaltung schriftlich kündigen“ oder „An Ihrer Stelle würde ich auch so denken, würde ich nicht alle Vorteile genau kennen“

Fazit: Wenn Sie einen Einwand richtig und freundlich beantworten, ist der Kunde zufrieden und wird auch weiter bei Ihnen einkaufen.

Reklamationen als Chance?

Trotz verstärkter Kundenorientierung lassen sich Reklamationen niemals ganz vermeiden, sie können jedoch auch eine Chance zur Kundenbindung sein. Die meisten Kunden (laut Umfragen über 90 Prozent) reklamieren allerdings erst gar nicht, sondern gehen gleich kommentarlos zur Konkurrenz oder kaufen im Internet. Jede Reklamation ist ein Schatz, den es zu bergen gilt!

Es ist wichtig, eine Reklamationserledigung als tägliche Aufgabe und Herausforderung anzusehen. Hier können Sie Ihr Können beweisen und die erfolgreiche Bearbeitung einer Reklamation bindet den Kunden an Ihr Geschäft.

Reklamationen können Produktfehler aufzeigen, Verbesserungen nach sich ziehen, Kundenprobleme aufdecken, das Ansehen eines Unternehmens aufwerten oder Folgegeschäfte nach sich ziehen. Zudem können sie neue Kunden bringen. Unterschieden wird im Verkauf zwischen berechtigten und unberechtigten Reklamationen.

Berechtigte Reklamationen sind meist falsche Erwartungen aus dem Verkaufsgespräch:

- Leistungs- und Qualitätsmängel des gekauften Artikels
- Der Kunde hat einen falschen Artikel gekauft

- Er kommt mit der Gebrauchsanweisung nicht zurecht
- Testkauf (er will einfach einmal einen neuen Artikel ausprobieren)
- Er bereut den Kauf und will den Artikel einfach nur zurückgeben.

Unberechtigte Reklamationen sind dagegen:
- Falschbestellung durch den Kunden
- Falsche Handhabung der Ware durch den Kunden
- Der Kunde kann nicht nachweisen, dass er die Ware bei uns gekauft hat
- Die Gewährleistungspflicht ist überschritten
- Das Mindesthaltbarkeitsdatum der Ware ist überschritten.

Auch wenn wir hier Unterschiede machen, aus der Sicht des Kunden ist jede Reklamation berechtigt. Versuchen Sie sich in die Lage des Kunden zu versetzen, der oft emotional handelt und erst einmal verärgert ist, dass der Kauf nicht mangelfrei ist. Häufig reagiert er freundlich („Kann ja mal passieren") und freut sich, wenn wir ihm helfen.

Schlimm sind Aussagen, wie „Das kann nicht sein" oder „Das hatten wir noch nie." Leider sind solche Reaktionen im Handel gar nicht so selten. Besser sind positive Aussagen, die unser Verständnis zeigen, wie z.B. „Ich kann verstehen, dass Sie verärgert sind", „Es tut mir leid, Frau Lemke, dass Sie Ärger haben", „Ich kann mich nur entschuldigen für den Ärger, den Sie hatten"
"Sie haben Recht. Das hätte nicht passieren dürfen"
- Fühlen Sie sich nie persönlich angegriffen.
- Lassen Sie den Kunden immer ausreden unterbrechen Sie niemals.
- Entschuldigen Sie sich ohne Schuldzuweisungen.
- Vermitteln Sie Verständnis für die Situation des Kunden.
- Nehmen Sie den Kunden und sein Anliegen ernst.
- Bleiben Sie stets korrekt, höflich, ruhig, sachlich und sicher.
- Hinterfragen Sie jede Reklamation mit offenen Fragen (W-Fragen)
- Vermeiden Sie es, als Besserwisser zu erscheinen.
- Liegt das Verschulden im Unternehmen, so geben Sie dies offen zu und klären es erst mit dem Vorgesetzten, ehe Sie zu flunkern beginnen.
- Bedanken Sie sich bei dem Kunden für den Mängelhinweis.
- Klären Sie die Ansprüche des Kunden. Ist der Anspruch vielleicht schon verjährt?

Nachdem Sie die Reklamation zur Bearbeitung gegeben haben, erkundigen Sie sich, ob der Kunde bei lang andauernden Verfahren über den aktuellen Stand informiert wurde, ob Sie den Sachverhalt ausreichend geklärt haben, ob die Lösung für den Kunden akzeptabel ist, ob die Beschwerde ermittelt und abgestellt wurde.

Das Preisgespräch

Fast täglich haben Sie es als Verkäufer mit Preisgesprächen zu tun. Dies liegt einerseits daran, dass der Kunde verständlicherweise immer sparen will, zum anderen jedoch auch daran, dass viele Kunden das Preisgespräch, man könnte es auch „Schnäppchengespräch" nennen, als Sport empfinden.

Allerdings dreht sich in den seltensten Fällen alles um den Preis. Schwache Verkäufer machen bei Forderungen des Kunden vorschnell Preiszugeständnisse oder geben Rabatte, die ungerechtfertigt sind und reduzieren damit den Ertrag des Unternehmens. Die Ursache für die Zugeständnisse sind selten rational zu begründen, sondern meist in der mentalen Einstellung des Verkäufers zu suchen. Das resultiert aber auch aus Fehlern des Unternehmens und der fehlenden Unterstützung des Vorgesetzten. Wer weder an seine Produkte noch an sich selbst glaubt, kann nicht überzeugend verkaufen.

Vorbereitung auf das Preisgespräch

Sie müssen alle Ihre Preise und Rabattmöglichkeiten kennen. Je mehr Sie im Kopf haben, desto freier können Sie sprechen. Sie können besser Blickkontakt mit dem Kunden halten und seine Reaktionen ablesen. Üben Sie zu Hause die Preisfindung. Stellen Sie sich selbst Aufgaben oder lassen Sie sich von Kollegen möglichst ausgefallene Rechnungen abverlangen. Je rascher Sie dem Kunden die erforderlichen Zahlen nennen, desto größer ist die Überzeugungskraft.

Stellen Sie sich speziell für das Preisgespräch alle Argumente zusammen, die zum Ausdruck bringen, in welcher Weise Ihre Produkte, Ihr Service oder Ihre Firma allgemein der Konkurrenz überlegen ist. Diese Argumente schränken die Möglichkeit des Kunden ein, Konkurrenzpreise als Druckmittel einzusetzen.

Vervollkommnen Sie sich in der Kunst des Visualisierens. Stellen Sie komplizierte Zahlenverhältnisse grafisch dar. Der Kunde versteht dadurch das Preisargument schneller, wenn Ihre Skizze stimmt. Gewinne oder Ersparnisse werden für den Kunden einprägsamer. Die Visualisierung bindet die Aufmerksamkeit des Kunden. Sie erschweren ihm, seine Gedanken abschweifen zu lassen. Außerdem zwingen Sie sich selbst zu klaren Vorstellungen über die Preisvorteile, die Sie dem Kunden bieten.

- Denken Sie sich in die Situation des Kunden hinein.
- Erinnern Sie sich an die letzten Gespräche mit Ihrem Kunden.
- Hat der Kunde in den letzten Wochen sein Verhalten geändert? Die Schlüsse darauf gestatten, dass Ihre Firma für ihn wichtiger oder unwichtiger geworden ist?

Berücksichtigen Sie die Preisempfindlichkeit des Kunden. Manche Kunden reden kaum oder nur ungern über Preise. Andere hingegen führen geradezu leidenschaftliche Preisgespräche und kämpfen um jeden Cent. Die Preisempfindlichkeit hängt auch von der Zeitspanne ab, die dem Kunden für den Einkauf bleibt. Wer das Produkt oder die Leistung sofort braucht, kann sich nicht auf lange Preisverhandlungen einlassen. Die Folgerung aus dieser Tatsache sind die Versuche, den Kunden durch das Angebot von befristeten Vergünstigungen in Zugzwang zu bringen

Selbstprojektion

Der Verkäufer glaubt, dass der Preis nur schwer durchzusetzen und marktgerecht ist. Diese spürbare Unsicherheit überträgt er auch auf das Gespräch. Jeden Widerstand des Kunden legt er als ‚Preisproblem' aus. Seine Argumente sind schwach und nicht überzeugend. Unbewusst bringt er die Zweifel an der Preisgestaltung auch in das Verkaufsgespräch ein. Er fragt: „Ist der Preis Ihr Hinderungsgrund?"

Sie können sich vorstellen, dass der Kunde seine Chance sofort ergreift und mit „Ja" antwortet.

Denken Sie daran, dass die Preise Ihres Unternehmens nicht leichtfertig kalkuliert sind und machen Sie sich mit der Kalkulation – Materialaufwand, Lohnkosten, Fertigungs-, Transport und Vertriebskosten – vertraut. Informieren Sie sich über die Gemein- und Kapitalkosten, die in den Preisen untergebracht werden müssen. Stellen Sie fest, wieviel letzten Endes als Deckungsbeitrag übrig bleibt. Es ist weniger, als Sie glauben. Sprechen Sie mit Ihrem Vorgesetzten über eventuelle Zweifel an der Seriosität der Kalkulation.

Lawineneffekt

Wenn ein Verkäufer häufig hintereinander einen Preiseinwand vom Kunden zu hören bekommt, neigt er zur Annahme, dass auch der nächste Kunde diesen Einwand vorbringt und provoziert ihn sogar z.B. mit der Aussage: „Sicherlich müssen wir noch über den Preis sprechen?" oder „Der Preis erscheint auf den ersten Blick etwas hoch, aber..."

Hüten Sie sich vor leichtfertigen Verallgemeinerungen. Sie treffen nur selten zu. Sprechen Sie das sensible Thema ‚Preis' nicht von sich aus an. Gehen Sie davon aus, dass Ihr Kunde den Preis akzeptiert.

Innere Kapitulation

Verkäufer, die schon mit der Einstellung in das Gespräch gehen, dass der Kunde das Angebot ablehnen wird, haben bereits kapituliert. Sie sehen Preisprobleme, wo manchmal keine sind. Durch diese Denkblockade geht die eigene Kreativität verloren, sie finden keine Argumente mehr, den Preis zu rechtfertigen, sodass er zum unüberwindlichen Hindernis wird. Es gibt immer Situationen, wo ein Wettbewerber günstiger ist und die gleichen Leistungen anbietet. Nehmen Sie es als Anreiz, den Kunden von Ihrem Angebot zu überzeugen.

Verständnis für den Kunden

Es gibt Kunden, die drücken auf die Tränendrüse. Schaffen sie es, Ihr Mitgefühl anzusprechen, werden Sie im Preisgespräch unweigerlich Zugeständnisse machen. Von jedem Verkäufer wird Einfühlungsvermögen und Sensibilität erwartet, im Preisgespräch aber führt ein zu starkes Mitgefühl zu Mitleid oder Verständnis für die Lage des Kunden. Der Mensch neigt allgemein dazu, dem Schwächeren zu helfen, das nutzt der Kunde aus.

Setzen Sie auf Ihre Ausstrahlung und Ihre Selbstsicherheit, um den Kunden zu begeistern und zu überzeugen. Drücken Sie Verständnis aus, aber verändern Sie nicht Ihr Angebot. Machen Sie keine Zugeständnisse.

- Die Preise Ihres Unternehmens sind nicht leichtfertig kalkuliert
- Unterschätzen Sie den Nutzen Ihrer Produkte für den Kunden nicht
- Das Unwohlsein erwächst häufig aus einer falschen Einstellung zum Gewinn
- Angst vor dem Preisgespräch erwächst auch aus dem Unbehagen über die unvermeidliche Konfrontation mit dem Kunden
- Haben Sie keine Angst vor Fehlern, daraus lernen Sie.
- Überlegen Sie immer vor dem Gespräch, welche Gegenargumente oder Einwände könnten vom Kunden kommen.
- Auf Ihre Preisgespräche bei z.B. hochwertigen Artikeln müssen Sie sich ganz besonders vorbereiten, denn sie sind in der Regel am schwierigsten. Hier prallen unterschiedliche Interessen aufeinander und werden Konflikte ausgetragen.
- Kunden erwecken gern den Anschein, als hinge das ganze Geschäft vom Preis ab. Sie wollen zu dem nützlichen Produkt auch noch einen guten Preis.

Zeitpunkt der Preisnennung

Der Preis, den der Kunde zu zahlen hat, ist die Gegenleistung für den Nutzen, den ihm das Produkt, die Beratung und der Service bringt.

Zu Beginn des Gespräches sieht der Kunde nur einen Teil des Nutzens oder gar keinen. Mit jedem Argument, jeder Demonstration, die Sie ihm vorführen, steigt der Wert in seinen Augen. Sinnvollerweise müsste das Preisgespräch der Schluss der Beratung sein. Häufig findest es aber nicht dort, sondern viel früher statt. Da jeder Verkäufer diese Gefahr kennt, ist er versucht, dem Kunden die verfrühte Nennung zu verweigern und auf einen späteren Zeitpunkt zu vertrösten. Diese Verzögerungstaktik birgt jedoch noch größere Gefahren als die verfrühte Preisnennung.

Der Kunde liest aus Ihrem Zögern das Eingeständnis heraus, dass der Preis sehr hoch ist und von Ihnen selbst als schwierig angesehen wird. Er baut unbewusst eine Abwehrhaltung gegen den Preis auf, den er noch gar nicht kennt. Wenn er den Preis auf diese Weise erfährt, wird er ihn zunächst zurückweisen. Die Aufnahmefähigkeit des Kunden für Ihre Argumente ist blockiert. Er grübelt über den Preis nach, statt Ihnen zuzuhören oder fühlt sich unhöflich behandelt, wenn Sie ihm eine Antwort verweigern.

Um dies zu vermeiden, schlage ich folgende Formulierung vor: „Lassen Sie mich bitte noch kurz auf zwei weitere Vorzüge des Produkts hinweisen, damit Sie beurteilen können, ob der Preis angemessen ist." Diese Schilderung des Nutzens sollte höchstens eine Minute dauern, länger lässt sich die Neugier des Kunden selten zurückhalten. Die Bitte um Geduld muss freundlich, aber nicht bettelnd vorgetragen werden.

Gelegentlich versuchen Verkäufer, einer verfrühten Frage nach dem Preis zuvorzukommen, indem sie ihre Preise zu Beginn des Verkaufsgespräches nennen, wie:„Unsere Kunden interessieren sich in erster Linie für den Preis. Um Sie nicht auf die Folter zu spannen, sage ich Ihnen diesen gleich am Anfang." Davon ist dringend abzuraten. Wenn Sie den Preis zu Beginn des Gespräches nennen, wird das gesamte Verkaufsgespräch zu einer Preisverteidigung. Im Kopf des Kunden dominiert die Frage, ob der Preis wohl gerechtfertigt ist. Jeden Nutzen setzt der Kunde einzeln in Beziehung zum Preis. Da der Preis die Gesamtheit der Vorteile reflektiert, muss zwangsläufig auch ein relativ niedriger Preis bei diesem Verfahren als hoch erscheinen. Wenn der Kunde nicht nach dem Preis fragt, führen Sie Ihre Argumentation planmäßig zu Ende und nennen erst dann den Preis.

Tipps zum Preisgespräch

- Erwecken Sie nicht den Anschein, dass Ihnen die Frage nach dem Preis unangenehm ist. Im Gegenteil: Zeigen Sie Freude darüber, mit der Preisnennung in die entscheidende Verhandlungsphase eintreten zu können. Deuten Sie das Interesse für den Preis als Zeichen, dass der Kunde Gefallen an Ihrem Produkt gefunden hat.
- Schauen Sie dem Kunden ins Gesicht. Wenn Sie den Preis ablesen müssen, so blicken Sie auf, um den Kontakt zu halten.
- Antworten Sie sofort. Machen Sie keine Pause, die der Kunde als Verlegenheit auslegen könnte.
- Sprechen Sie ruhig, in normaler Lautstärke und ohne Stocken, freundlich und ohne unangemessene Heiterkeit.
- Polstern Sie den Preis von beiden Seiten mit Nutzenargumenten. Die Sandwich-Methode, also Vorteil-Preis-Vorteil, verpackt den Preis zwischen den Vorteilen des Produkts, beispielsweise „Die neue Hundenahrung gibt es in vielen Geschmacksrichtungen. Bei einer Abnahme von zwölf Dosen, bekommen Sie einen Preisnachlass von 20 Cent pro Dose." Beachten Sie, dass der Begriff „Die Dosen kosten..." bewusst vermieden wurde. Kosten sind negativ und etwas, das jeder vermeiden möchte – „Sie bekommen" ist eine positive Formulierung.
- Wenn Ihr Preis relativ hoch ist und Sie sicher sind, dass ihn der Kunde auch als zu hoch empfindet, können Sie dem Erschrecken vorbeugen: „Der Kratzbaum ist nicht billig. Aber er ist seinen Preis wert. Sie bekommen ihn einschließlich..." Sie geben also zu, dass der Preis beachtlich ist und versuchen nicht, dem Kunden einzureden, er bekäme das Produkt gleichsam geschenkt. Sie behalten so dem Kunden gegenüber Ihre Glaubwürdigkeit.

- Vermeiden Sie den Begriff ‚billig'. Billig wird gleichgesetzt mit minderwertig. Ihr Produkt ist nicht billig, sagen Sie, und der Kunde versteht, dass Ihr Produkt nicht minderwertig ist. Machen Sie den Kunden neugierig auf Ihre folgenden Argumente, indem Sie genauer erklären, inwiefern Ihr Produkt diesen Preis wert ist. Darauf ist der Kunde gespannt und wird Ihnen sehr gut zuhören.
- Fragt der Kunden zur falschen Zeit nach dem Preis, können Sie freundlich erwidern: „Bitte schätzen Sie den Preis". So testen Sie das Preisgefühl des Kunden und können in der weiteren Argumentation berücksichtigen, ob der Kunde den Wert des Produktes erkennt oder ob er noch nicht verstanden hat, welche Werte und Vorteile für ihn in Ihrem Produkt stecken. Sie verstärken die Neugier des Kunden nach dem Produkt. Seine Preisvermutung hat ihn zum Denken angeregt und hat unbewusst eine Frage gestellt: „Stimmt meine Vermutung?" Nun möchte er wissen, ob er richtig oder falsch liegt. Wenn der Kunde einen höheren Preis schätzt, erwidern Sie: „Das Produkt wird fast immer für teurer gehalten, als es ist. Sie bekommen es bereits für... Ich werde Ihnen aufzeigen, dass es alle Vorteile hat, die Sie vermuten."

Schätzt der Kunde einen geringeren Preis, erwidern Sie: „Das Produkt ist etwas mehr wert, nämlich... Es ist für Sie natürlich sehr schwer, eine richtige Preisvorstellung zu entwickeln, bevor Sie das Produkt kennen. Ich werde Ihnen demonstrieren, welche zusätzlichen Vorteile Sie für die Differenz zwischen Ihrer Schätzung und dem Preis bekommen." Liegt die Schätzung in unmittelbarer Nähe des Preises, so beglückwünschen Sie den Kunden "Wie war es Ihnen möglich, eine so gute Schätzung abzugeben?" Wenn der Kunde Ihre Frage beantwortet, bekommen Sie wertvolle Einblicke in sein Vorwissen.

- Wenn Sie ein Produkt der oberen Preisklasse vertreiben und vom Kunden während der Demonstration mit der Preisfrage unterbrochen werden, reagieren Sie mit drei Schritten.

1. Sie nennen nicht den Preis, sondern den Mehrpreis. „Die Maschine ist um 200 Euro teurer als das annähernd vergleichbare Konkurrenzprodukt."
2. Sie setzen den Mehrpreis ins Verhältnis zur Lebensdauer des Produktes. „Die Maschine hat eine Mindesteinsatzzeit von mindestens vier Jahren. Sie wenden für diese Maschine also im Jahr 100 Euro mehr auf, im Monat ca. neun Euro."
3. Sie vergleichen die monatlichen oder jährlichen Mehrkosten mit den Mehrleistungen Ihres Produktes. Sie zählen die Vorzüge und Leistungen auf, die der Kunde bei keinem anderen vergleichbaren Produkt findet. Sie fragen ihn, ob ihm der Mehrpreis für die Zusatzvorteile angemessen erscheint.

Diese Methode hat folgende Vorzüge: Sie haben den Preis erheblich reduziert. Es ist nicht mehr der Gesamtpreis, sondern nur noch der Mehrpreis, den Sie begründen müssen. Der Normalpreis wird, da ihn der Mitbewerber auch verlangt, als selbstverständlich unterstellt. Der Kunde bekommt auf seine Frage eine konkrete Zahl, kein ‚Sandwich' serviert. Diese Antwort strahlt Selbstsicherheit aus. Der Kunde gewinnt den Eindruck, dass der Verkäufer sein Geschäft versteht und nicht so leicht zum Nachlass zu zwingen ist. Das Gespräch wird in die taktisch günstige Bahn gelenkt, indem über die Produkteigenschaften und den Spezialnutzen gesprochen wird, die der Kunde nur in Ihrem Angebot findet. Es wird deutlich gemacht, in welchen Punkten Ihr Angebot im Wettbewerb überlegen ist und deshalb im Preis hervortreten darf.

Wenn Sie ein Produkt verkaufen, welches aus einem Grundelement besteht und durch Zubehör aufgestockt werden kann, so antworten Sie dem Kunden auf seine Preisfrage am besten mit der Nennung des Niedrig- und des Höchstpreises: „Der Preis liegt zwischen 1.200 und 2.000 Euro und ist davon abhängig, welche Ausstattungen oder Zusatzleistungen Sie wählen." Den unteren Preis sollte der Kunde als niedrig empfinden, den oberen darf er getrost als hoch empfinden. Der Schock, den der Höchstpreis auslösen könnte, wird aufgefangen durch die Hoffnung, einen Niedrigpreis zu bekommen. Ein in dieser Form angebotener Preisrahmen signalisiert dem Kunden zugleich Ihre Bereitschaft, mit ihm gemeinsam ein ihm auf den Leib geschneidertes Angebot auszuarbeiten. Er braucht nicht zu befürchten, dass Sie versuchen werden, ihm eine im Voraus festgelegte Version aufzudrängen.

Sie können auch antworten: „Den Preis bestimmen Sie" oder „Der Preis hängt davon ab, welche Menge Sie bestellen, wie die jährliche Abnahme aussieht, welche Ausstattung Sie wählen." Mit dieser Antwort ist die durch die Preisfrage möglicherweise erzeugte Spannung zunächst einmal aufgelöst.

Abschluss im Preisgespräch

Freuen Sie sich, wenn vom Kunden der Einwand ‚zu teuer' kommt. Sie bekommen dadurch Gelegenheit, einen großen Schritt auf den Abschluss hin zu tun. Der Kunde hat an Ihrem Angebot Gefallen gefunden. Er zieht den Kauf Ihres Produktes in Erwägung. Im anderen Fall würde er mit Ihnen nicht über den Preis sprechen. Lächeln sie freundlich und erwecken Sie den Eindruck, dass Sie seinen Vorwurf mühelos entkräften können.

Haben Sie Angst vor diesem Einwand, gibt es für den Verkäufer zwei psychologische Tricks: Ergänzen Sie im Stillen den Kundeneinwand mit einem ‚noch zu teuer'. Diese Formulierung soll Sie keineswegs ermuntern, den Preis zu senken, sie soll Sie daran erinnern, dass der Preis die Gegenleistung des Kunden für den ihm versprochenen Nutzen ist. Nicht der Preis ist zu hoch, sondern die Einschätzung des Nutzens ist noch zu gering.

Verstehen Sie den Einwand als Frage oder Bitte: „Ist der Nutzen, den ich von Ihrem Angebot zu erwarten habe, wirklich diesem Preis angemessen?“ oder „Bitte erklären Sie mir doch noch einmal, dass der Nutzen, den ich haben werde, diesem Preis angemessen ist.“ Wenn Sie Ihr Gehör auf diese Formulierungen trainieren, verliert der Einwand für Sie jede Schärfe. Sie fühlen sich nicht mehr angegriffen und steigen mit höheren Erfolgschancen in das Preisgespräch ein. Sie können auch versuchen, den Einwand zu überhören, wenn er Ihrer Meinung nach zum falschen Zeitpunkt kommt. Sie fahren ohne Reaktion auf den Einwand in Ihrer Demonstration fort. Sie steuern Ihre Argumentation auf Vorteile, die den Kunden beeindrucken. Es kann allerdings auch sein, dass sich der Kunde nicht ablenken lässt. Der Kunde wiederholt seinen Einwand und Sie nehmen ihn zur Kenntnis.

Mögliche Ursachen für den Einwand „zu teuer“

- Der Kunde hat den Wert des Produktes und seinen Nutzen noch nicht durchschaut
- Er erkennt die Qualität des Produktes nicht
- Er hat keinen Überblick über die einschlägigen Preise und kennt den Markt nicht
- Er vergleicht den Preis mit dem Preis eines erheblich weniger leistungsfähigen Produktes.
- Er ist an ein Budget gebunden. Der Preis sprengt seinen ihm zur Verfügung stehenden Rahmen
- Er muss den Preis einem Vorgesetzten gegenüber rechtfertigen und sieht Schwierigkeiten
- Er kann sich den Kauf im Moment nicht leisten

Ein Einwand kann auch Taktik sein. Der Kunde weist jeden Preis erst einmal zurück, weil er

- Geld sparen will und die Erfahrung gemacht hat, dass sich Feilschen lohnt
- glaubt, dass jeder Preis erhöht ist und eine widerstandslose Akzeptanz auf eine Übervorteilung hinausläuft
- einen Angriff auf den Preis startet, um einen ganz anderen Vorteil zu bekommen
- ein Druckmittel gegen einen anderen Lieferanten braucht, bei dem zu kaufen er längst entschlossen ist
- in einem preislichen Entgegenkommen des Verkäufers eine ihm zustehende Verneigung vor seinem Status sieht
- den Ehrgeiz hat, stets billiger einzukaufen als seine Mitbewerber.
- das Preisgespräch als einen Wettkampf sieht und er der Sieger sein möchte.Er muss den Preis einem Vorgesetzten gegenüber rechtfertigen und sieht Schwierigkeiten
- er kann sich den Kauf im Moment nicht leisten

Nachdem Sie eine Vorstellung vom emotionalen Hintergrund des Kunden bekommen haben, müssen Sie zweckmäßige Erwiderungen finden. Es gibt im Prinzip zwei verschiedene Reaktionen: Sie versuchen den Hintergrund des Einwandes zu erkennen, um Ansatzpunkte für die Entkräftung zu finden. Sie fragen freundlich und erstaunt „Warum sind Sie der Meinung, dass unser Produkt zu teuer ist?" Es kann sein, dass Sie eine klare Antwort bekommen, z.B. „Das Angebot Ihrer Konkurrenz liegt um zehn Prozent günstiger" oder „Mein Budget für derartige Anschaffungen ist erschöpft". Dann ist ‚zu teuer' vom Tisch, der neue Einwand lautet: „Die Konkurrenz ist billiger" oder „Mein Budget ist erschöpft."

Die Antwort kann aber auch lauten: „Ich gebe doch nicht 2.000 Euro für ... aus." Jetzt müssen sie also weiterfragen. Zum Beispiel: „Sie sind also an einen festen Finanzrahmen gebunden? Denken Sie an ein ähnliches Produkt, das weniger kostet? Würde es Ihnen helfen, wenn wir nach Möglichkeiten für eine Zahlungserleichterung suchen?" Fragen Sie solange, bis Sie wissen, aus welcher Richtung der Wind weht. Vielleicht will der Kunde nur feilschen. Fragen Sie: „Im Verhältnis wozu ist das Produkt zu teuer?" An der Antwort erkennen Sie, ob der vom Kunden angegebene Bezug seine ehrliche Meinung widerspiegelt. Kommt die Antwort schnell, so empfindet er tatsächlich ein Missverhältnis und benennt es konkret. Sie wissen nun, welchen Irrtum Sie aufklären oder welche Schwierigkeiten Sie aus dem Weg räumen müssen. Fällt die Antwort zögernd aus, so liegt der Verdacht nahe, dass sie vorgeschoben ist. Sein Einwand hat keinen Grund, sondern nur einen Zweck, er möchte Vergünstigungen herausholen.

Oder sie versuchen, den Einwand zu bagatellisieren, in der Hoffnung, dass der Kunde seinem Einwand nicht allzu viel Gewicht beimisst. Bagatellisierende Antworten, um den Einwand abzuschwächen, können so lauten: „Darf ich Sie so verstehen, dass Sie im Zweifel sind, ob Sie für Ihr Geld auch den angemessenen Gegenwert bekommen?" An der Antwort erkennen Sie, ob er ein Missverhältnis zwischen der Qualität des Produktes und dem Preis oder zwischen dem Angebot und seinem Bedarf bzw. seinen finanziellen Möglichkeiten sieht. Wenn er mehr oder weniger gewunden verneint, findet er den Preis korrekt, aber er will ihn nicht zahlen, weil er das Produkt seiner Meinung nach nicht unbedingt braucht. Sie müssen mit ihm also über seinen Bedarf oder Zahlungserleichterungen sprechen. Wenn er mit einigen Windungen bejaht, dann können Sie in Ihrer Argumentation fortfahren und dem Kunden beweisen, dass Ihr Produkt den Preis wert ist.

„Warum glauben Sie, dass das Produkt nicht so viel wert ist, wie es kostet?", mit dieser Erwiderung unterstellen Sie, dass der Kunde ein Missverhältnis zwischen Qualität und Preis wittert. In dieser Unterstellung liegt eine Herausforderung.

Nimmt der Kunde die Unterstellung hin, wird es nicht einfach für ihn, eine Antwort zu finden. Er muss seine Zweifel an der Preiswürdigkeit des Produktes begründen. Diese Schwierigkeit kann ihn in Verlegenheit oder zur Flucht nach vorn, in die Aggressivität treiben. Es kann passieren, dass er die Preisverhandlung widerstandslos aufgibt oder aber auch, dass er sich darauf versteift. Dann fahren Sie fort, „Welchen Preis haben Sie sich denn vorgestellt?" Entweder hat er noch keine konkreten Preisvorstellungen oder er hat Anhaltspunkte aus Konkurrenzangeboten, die ihm aus der ersten Verlegenheit helfen.

Die Erwiderung dreht nicht nur in listiger Weise den Spieß um und setzt den Kunden in Vorschlagszwang, sie enthält auch die Zusage des Verkäufers, mit dem Kunden über die Höhe des Preises zu sprechen – die Spannung lockert sich. Sollte der Kunde aus der Erwiderung eine nicht vorhandene Nachlassbereitschaft des Verkäufers heraushören, so schadet das nicht. Im weiteren Gespräch bekommt der Verkäufer hinreichend Gelegenheit nachzuweisen, dass Nachlässe nicht gerechtfertigt sind. „Ist das zu viel Geld?" Sie sagen nicht „zu viel Geld für Sie?" oder „zu viel Geld für dieses Produkt?", die Formulierung bleibt bewusst vage. Der Kunde soll selbst das „zu viel wozu" beschreiben. In der Regel weist der Kunde zunächst einmal den Verdacht von sich, dass er sich das angebotene Produkt nicht leisten kann. Diesen Eindruck möchte er nicht erwecken. Er deutet deshalb direkt oder indirekt an, dass er durchaus in der Lage ist, den Preis zu bezahlen, falls er angemessen ist. Unsere Erwiderung verspricht Verhandlungsbereitschaft und befreit den Kunden vom falschen Glauben, er müsse, um zusätzliche Vorteile zu erlangen, stur auf seinem Einwand beharren.

„Wir könnten Ihnen auch etwas Billigeres anbieten, wäre Ihnen damit gedient?" Diese Erwiderung trifft unausgesprochen die Feststellung, dass ein Produkt, das weniger kostet, also billiger ist, auch weniger wertvoll sein müsse. Sie argumentieren: „Wenn Sie weniger ausgeben möchten, müssen Sie Abstriche an Qualität und Leistung hinnehmen, und diese Abstriche sind für Sie nachteilig." Auf Qualität und Leistung will der Kunde natürlich nicht verzichten. Er wünscht sich das angebotene Qualitätsprodukt, nur eben für weniger Geld. Widerlegt ist sein Einwand nicht, aber angekratzt. Die Selbstverständlichkeit, mit der vom Verkäufer behauptet wird, dass ein billigeres Produkt weniger Qualität und Leistung bietet, klingt im Ohr des Kunden wie eine Warnung, er fürchtet, doch schlechter wegzukommen.

Der Kaufabschluss ist wie im Autorennen die Zielgerade im Gespräch. Wenn alle vorangegangenen Fragen zum Bedarf des Kunden passend waren und eventuelle Einwände behandelt worden sind, muss der Verkäufer den Verkauf erfolgreich abschließen. Der Kunde zeigt seine Kaufbereitschaft durch verbale und nonverbale Signale. Kauf- bzw. Zustimmungssignale werden nicht nur am Ende eines Verkaufsgespräches vom Kunden ausgesandt, sondern während des gesamten Gesprächs. Dabei gilt es zu unterscheiden, ob es nur Interesse ist, oder ob der Kunde schon bereit zur Entscheidung ist. Jedes Signal sollte aber genutzt werden, um beim Kunden positive Verstärker zu erzeugen.

Beispiele: „Ich sehe, dass Sie die Vorteile des Freigeheges schon erkannt haben" oder „Ich freue mich, dass Ihnen unser neues Premiumfutter gefällt." Wenn Sie die Zustimmungssignale des Kunden überhören bzw. übersehen, kann ein Kaufwunsch verloren gehen.

Der Kunde soll nicht mit Informationen überschüttet werden, sondern Sie sollen nur die Argumente bringen, die für eine positive Entscheidung notwendig sind. Hier gilt „Weniger ist manchmal mehr". Jedes Wort zu viel kann Einwände provozieren oder Zweifel hervorrufen. Der Kunde zeigt Interesse oder signalisiert in jedem Gespräch mehr oder weniger deutlich seine Kaufbereitschaft. Diese Signale dürfen nicht übersehen werden.

Bei Kaufsignalen lautet die goldene Regel: Sofort eine Abschlussfrage stellen, sonst könnte der Kaufwunsch verloren gehen. Reagiert der Kunde nicht wie gewünscht, fährt man in der Argumentation oder Beweisführung fort. Beim nächsten Kaufsignal stellt man wieder eine Abschlussfrage. Wenn Sie die Abschlussfrage erst am Schluss stellen, haben Sie Ihre Argumente schon alle vorgebracht, und können sich dann nur wiederholen und ein ‚Nein' des Kunden schwerlich ändern.

Deutliche Kaufsignale sind

- Kopfnicken
- Ein „Ja, interessant"
- Detailfragen zum Produkt
- Fragen nach Abnahmemenge, Preis, Rabatt
- Der Griff zum Produkt
- Deutliche Bestätigung einer Verkäuferaussage

Versteckte Kaufsignale sind

- Die Erweiterung der Pupillen. Weiten sich die Augen des Kunden, ist er zum Abschluss bereit, dies ist in vielen verschiedenen Überprüfungen festgestellt worden.
- Berührt der Kunde, vielleicht nur in einer flüchtigen, vorübergehenden Bewegung, die Nasenspitze mit Hand oder Zeigefinger, ist Aufmerksamkeit geboten. Das Nasereiben oder -berühren ist ein Zeichen der Ablehnung, der Kunde ist also noch nicht überzeugt und ein gutes Stück vom Abschluss entfernt.
- Wenn der Kunde sich zurücklehnt und das Kinn in der Hand aufstützt, ist er noch skeptisch und kritisch. Sie müssen Ihre Argumentation entsprechend überzeugender darstellen.
- Reibt der Kunde sein Kinn, signalisiert er Zufriedenheit und Genugtuung. Wahrscheinlich ziehen vor seinem Auge die Bilder des Produktes und seine Vorteile vorbei.
- Noch deutlicher verraten die Hände den inneren Zustand. Er sieht sich schon im Besitz des Produktes, wenn die Fingerspitzen der einen Hand leicht über den Rücken der anderen Hand streichen. Oder die Fingerspitzen liegen gegeneinander und vollführen leicht massierende Bewegungen. Das ist ein Signal, zum Abschluss zu kommen.
- Absolut sicher in seinem Standpunkt präsentiert sich der Kunde, der breitbeinig steht und die Daumen in die Achselhöhlen gesteckt hat.
- Schlägt der Kunde die Beine übereinander, lehnt er sich entspannt zurück oder geht zum Fenster, hat er innerlich den Entschluss gefasst, zu kaufen.
- Alle Gesten, die vom Körper wegführen, signalisieren aufrichtige Züge. Gesten, die nach innen führen, deuten auf Hemmungen hin.

Verhalten in der Abschlussphase

Beglückwünschen Sie den Kunden zu seiner Wahl, aber ohne Dankeshymnen. Bestätigen Sie ihm noch einmal die Richtigkeit seiner Entscheidung. Setzen Sie keine saloppen Sprüche ein wie „Ich hab ja gleich gewusst, dass Sie sich richtig entscheiden“ oder „Na, das war echt ein hartes Stück Arbeit“. Triumphieren sie nicht, sonst kommt der Kunde in letzter Sekunde noch auf falsche Gedanken.

Schreiben Sie ruhig und sachlich den Auftrag aus und legen Sie das weitere Vorgehen mit dem Kunden fest. Nutzen Sie die Gelegenheit für weitere Verkäufe wie Zubehör, Angebote und anderes. Im Falle einer Absage bleiben Sie liebenswürdig und höflich. Keine Sätze wie: „Das werden Sie noch bereuen.“ oder „Ich habe mir doch so viel Mühe gegeben.“ Denken Sie immer daran: Mindestens. 70 Prozent aller Entscheidungen trifft der Mensch aus dem Gefühl heraus. Deshalb sollten Sie dem Gefühl in der Abschlussphase besondere Aufmerksamkeit schenken. Sie wirken überzeugend, wenn Sie

- Den Blickkontakt halten
- Ruhig und sachlich bleiben
- Ihre Stimmlage gleich bleibt
- Nach einer Abschlussfrage schweigen und die Antwort des Kunden abwarten. Der Kunde überlegt, der Verkäufer schweigt.
- Bleiben Sie immer freundlich – auch wenn der Kunde nicht gekauft hat.
- Geben Sie ihm eine Visitenkarte mit, vielleicht kauft er beim nächsten Mal.

Schwierige Kunden

Nicht jedes Verkaufsgespräch läuft in Ruhe ab, es kann Störungen geben, mit denen professionell umgegangen werden muss. Auch wenn heute jede und jeder erreichbar sein ‚muss' oder will, sollte das Handy im Verkaufsgespräch in der Tasche bleiben und immer stumm geschaltet sein. Schalten Sie Ihre Mailbox ein, dann verpassen Sie nichts. Bei einem Kundenanruf werden Sie so schnell es möglich ist, zurückrufen.

Im Verkaufsgespräch hängt vieles vom richtigen Umgang mit dem Kunden ab. Hüten Sie sich davor, Kunden vorschnell in Schubladen zu packen. Jeder Kunde ist individuell zu behandeln. Die Kunst ist es, mit kritischen und leider manchmal auch laut werdenden Kunden umzugehen. Nehmen Sie nie etwas persönlich. Manche Kunden nehmen ihre privaten Problem mit zum Einkauf und reagieren sensibel, wenn der Verkäufer unfreundlich ist oder eine dumme Antwort gibt.

Reagieren Sie niemals ebenso wie der Kunde, selbst wenn er schwierig oder gar ausfallend wird. Höflichkeit und Professionalität sind oberstes Gebot. Bleiben Sie sich und Ihren Zielsetzungen treu und verfolgen Sie diese konsequent. Dann werden auch unangenehme Verkaufsgespräche mit schwierigen Kunden zum gewünschten Erfolg führen. Es gibt viele sehr verschiedene Kundentypen.

Der Schweigsame und der Vielredner

Besonders bei einem schüchternen Kunden sollte der Verkäufer versuchen, den richtigen Zugang zu finden. Wenn Sie ihm offen und freundlich begegnen, ist die Chance groß, dass er sich auch Ihnen öffnet. Mit offenen Fragen (W-Fragen) gelingt es am besten, ihn zum Reden zu bewegen.

Kompliziert dagegen sind Kunden, die ununterbrochen reden. Hier muss es Ihnen gelingen, sie höflich zu unterbrechen und das Gespräch auch durch ihre Gestik auf das Wesentliche zu begrenzen. Notfalls Kollegen bitten, nach fünf Minuten kurz zu unterbrechen.

Der Besserwisser

In der heutigen Zeit, wo viele Kunden durch das Internet überinformiert sind oder auch falsches Wissen angelesen haben, kommt dieser Kundentyp immer häufiger vor. Beim Verkaufsgespräch ist es sinnvoll, dem Kunden zuerst einmal Recht zu geben. Mit der richtigen Fragetechnik ist es dann möglich, das Gespräch in die gewünschte Richtung zu lenken: „Wie kommen Sie zu der Ansicht?" oder „Wo haben Sie das gelesen?" Der Kunde soll sein Wissen präsentieren dürfen, bevor Sie Verkaufsargumente bringen.

Der Choleriker

Das Wichtigste ist, Ruhe zu bewahren und nichts persönlich zu nehmen. Wir wissen ja auch nicht immer sofort, warum der Kunde verärgert ist. Liegt es an seinen früheren Erfahrungen mit uns oder hat er ein privates Problem, welches er mitbringt. Sie sollten in jedem Fall verständnisvoll sein. Nicken Sie, wenn der Kunde redet und widersprechen Sie niemals. Es muss Ihnen gelingen, sich kurz zu fassen und Fragen an den Kunden möglichst positiv zu formulieren. Begegnen Sie dem Kunden immer mit Respekt und Höflichkeit.

Der unsichere Kunde

Der Umgang mit diesem Kundentyp ist gar nicht schwer, wenn Sie ihm mit Verständnis und Respekt begegnen. Hier sollten Sie mit offenen Fragen agieren (Wer, Was, Wie usw.).Bieten Sie ihm Handlungsalternativen an, dadurch gewinnt er Sicherheit und Selbstbestimmtheit, zudem bauen Sie eine wertvolle Vertrauensbasis auf.

Der Kunde mit Einwänden

Ein Einwand des Kunden ist kein Angriff, sondern zeigt, dass er noch nicht überzeugt ist oder mehr über die Ware wissen möchte.

Zeigen Sie Verständnis, hören Sie zu, geben Sie dann erst Ihre passende Antwort: „Ich kann verstehen, dass Sie noch Bedenken haben, da Sie schon schlechte Erfahrungen gemacht haben..., "Bei uns können Sie die Karte jederzeit ohne Fristeinhaltung schriftlich kündigen oder: „An Ihrer Stelle würde ich auch so denken, würde ich nicht alle Vorteile genau kennen".

Der Selbstbewusste

Er ist entschlossen, bestimmend, hartnäckig, anspruchsvoll und ergebnisorientiert. Dieser Kunde gehört zu den dominanten Menschentypen und stellt sich auch eher Problemen und neuen Dingen. Er stellt hohe Ziele an sich selbst. Begegnen Sie dem dominanten Kunden offen, stellen Sie gezielt Fragen, damit Sie herausfinden, was er sich wünscht. Er entscheidet sich in der Regel schnell, möchte aber aus den besten Produkten die perfekte Wahl treffen.

Verkaufen im Hochbetrieb

In den meisten Fällen ist es für den Einzelhandel vorhersehbar, wann sehr viele oder wenige Kunden in das Geschäft strömen. Es gibt aber Tage , in denen trotz sorgfältigster Personalplanung Situationen entstehen, bei denen sich um mehrere Kunden gleichzeitig gekümmert werden muss. Auch wenn solche Situationen viel Stress mit sich bringen, muss sich jeder Verkaufsmitarbeiter richtig verhalten können.

- Lassen Sie sich den Stress nicht anmerken und bleiben Sie freundlich.
- Der Kunde, der zuerst da war, sollte immer Vorrang haben, ohne dem anderen Kunden das Gefühl zu geben, nicht wichtig zu sein.
- Wenn ein weiterer Kunde Ihr Gespräch unterbricht, entschuldigen Sie sich, dass Sie gerade beschäftigt sind und schlagen ihm vor, schon einmal zur gewünschten Ware gehen und sich umzusehen.
- Der Kunde darf nie merken, dass Sie unter Zeitdruck stehen. Bedanken Sie sich immer bei dem Kunden, der warten musste. Reagieren Sie nicht auf Beleidigungen, sondern bleiben Sie ruhig und gelassen.

Ähnlich im Hochbetrieb ist die Beratung mehrerer Kunden eine sehr anspruchsvolle Aufgabe. Bei der sogenannten ‚Mehrfachbedienung' werden mehrere Kunden abwechselnd bedient. Im Textilfachgeschäft ist es normal, dass Verkaufsmitarbeiter während die Kleidung anprobiert wird, kurz zu einem anderen Kunden wechselt. Oft kann der Kunden auch einmal allein gelassen werden. Wichtig ist immer, dass sich der Verkäufer merkt, wer zuerst an der Reihe ist und keinen übergeht.

Auch dem Kunden, der drei Minuten vor Ladenschluss noch einkaufen will, signalisieren Sie, dass Sie ihn gern beraten. Auch wenn das Gespräch länger dauert, bleiben Sie geduldig, der Kunde wird es Ihnen danken und kommt sicher wieder.

Kunden in Begleitung

Nicht jeder Kunde kommt alleine zum Einkaufen, sondern bringt häufig Familienmitglieder oder Freunde mit. Dieses kann ein Verkaufsgespräch beeinflussen. So können z.B. Kinder sehr laut oder ungeduldig sein, weil sie sich langweilen. Oder der Begleiter ist der ‚Entscheider', was Sie nicht sofort erkennen können.

Finden Sie heraus, wer die Kaufentscheidung treffen wird. Auch heute noch sind Männer eher die Entscheidungsträger, wenn es sich um Produkte aus dem Elektronik- oder dem Baumarktbereich handelt, wo hingegen Frauen oft in Sachen Lebensmittel oder Kleidung den Ausschlag geben. Im Zoofachhandel dagegen gibt es keine Unterschiede.

Die Begleitung sollte deshalb immer in ein Verkaufsgespräch miteinbezogen werden. Kinder gilt es zu beschäftigen, beispielsweise mit einer Süßigkeit oder einer Kinderlektüre, damit Ihr Gespräch nicht gestört wird oder einen negativen Verlauf nimmt.

Störung durchs Telefon

Wenn das Handy während des Verkaufsgesprächs klingelt, wirkt das auf den Kunden äußerst unhöflich, vor allem, wenn der Verkäufer das Gespräch auch noch annimmt. Die Beratung sollte immer Vorrang haben. Muss das Telefongespräch angenommen werden (z.B. Info über eine wichtige Lieferung oder Bestellung) muss der Kunden um Entschuldigung gebeten werden. Eine weitere Möglichkeit ist es, das Gespräch kurz anzunehmen und dem Anrufenden (kann ja auch ein wichtiger Kunde sein), einen Rückruf anzukündigen. Wenn private Handys benutzt werden dürfen, sollten diese in der Arbeitszeit immer ‚lautlos' geschaltet werden, Verkaufsgespräche haben immer Vorrang.

Voraussetzung, dass Sie überhaupt etwas zusätzlich verkaufen können, sind gute Warenkenntnisse der Produkte, die Sie anbieten. Kunden sind häufig bereit, mehr Geld auszugeben, wenn sie in Kaufstimmung sind und etwas angeboten bekommen, dass in das Umfeld Ihres Produktes passt. Dazu braucht der Verkäufer passende und überzeugende Argumente. Er sollte immer ein Angebot passender Produkte im Kopf haben, das aus einer bedarfsgerechten Auswahl besteht.

Beschäftigen Sie sich immer mit aktuellen oder neuen Trends. Auch hier sind häufig Möglichkeiten für weitere Umsätze vorhanden. Informieren Sie sich über Internet, Fachmagazine, Außendienst, Kollegen, Messen, Tagungen, Newsletter. Besonders der Erlebnistrend kann für Zusatzverkäufe durch auffällige Platzierungen im Geschäft genutzt werden.

Ausschlaggebend ist der Zeitpunkt, einen Zusatzverkauf ins Spiel zu bringen. Ein verfrühtes Angebot kann den Kunden abschrecken, sodass er möglicherweise gar nichts kauft, ein verspätetes Angebot, beispielsweise nach dem Kassieren, wird kaum noch wahrgenommen. Am besten geschieht dies nach dem Erwerb des Hauptartikels. Es ist auch nicht aufdringlich, ein passendes Produkt (Farbe mit gutem Pinsel oder Pflegemittel zum Aquarium) anzubieten. Sehen Sie den Zusatzverkauf als Service für den Kunden.

Auch an der Kasse können zusätzliche Artikel verkauft werden. Es sollten aber passende Artikel sein, die der Kunden ohne nachzudenken mitnimmt. Am sinnvollsten ist es, Produkte zu platzieren (Kleinartikel), die jeder Kunde ‚eben mal schnell' mitnimmt.

Cross-Selling und Up-Selling.

Es gibt verschiedene Verkaufsformen im Zusatzverkauf. Der sogenannte Querverkauf, das Cross-selling, bezeichnet die Nutzung einer Kundenbeziehung durch den zusätzlichen Verkauf von sich ergänzenden Produkten oder Dienstleistungen, die notwendig oder hilfreich sind, um den Hauptartikel auch nutzen zu können.

Nagerhaus	Heu, Spielzeug usw.
Bohrmaschine	Bohrer
Lampe	Leuchtmittel
Vogelkäfig	Spiegel/Sitzstange
Hundebett	Hundedecke
Aquarium	Pflegemittel/Deko

Beim Up-Selling handelt es sich ebenfalls um Artikel, die den Kundennutzen steigern. Hier soll der Kunde nicht nur mehr ausgeben als geplant, er hat auch noch mehr Freude oder Nutzen am Hauptkauf.

Aquarium	Untertisch
Algenmittel	Kescher
Katzendecke	Katzenkratzbaum
Furminator	elektrisches Hundeschergerät
Günstiges Tierfutter	hochwertigeres oder Premium-Tierfutter

Vorteile für den Händler:

- Zusatzartikel sind häufig besser kalkuliert als der Haupteinkauf
- Sie sind hilfreich zur Kundenbindung, da sie auch den Kunden zufrieden stellen
- Kostenlose Werbung, da zufriedene Kunden ihre Einkaufserfahrungen weitergeben
- Ein Kompetenzbeweis des Verkaufspersonals

Vorteile für den Kunden:

- Sie ersparen ihm häufig zusätzliche Wege
- Eines ohne das andere funktioniert nicht (Taschenlampe ohne Batterien)
- Der Verkäufer beweist sein Interesse am Wohl des Kunden und verbessert so sein eigenes Image

Keine geschlossenen Fragen im Zusatzverkauf stellen, wie:

- Das sollten Sie unbedingt noch dazu nehmen oder haben Sie alles?
- Kann ich sonst noch etwas für Sie tun?
- Haben Sie sonst noch einen Wunsch?
- Ein Hundeshampoo haben Sie sicher noch, oder?

Verwenden Sie möglichst offene und direkte Fragen:

- Welches Reinigungsmittel benutzen Sie aktuell?
- Wie gefällt Ihnen unser neues Sortiment?
- Was halten Sie von diesem Angebot?
- Was haben Sie bisher gekauft?
- Wann haben Sie das letzte Mal ein Hundeshampoo gekauft?

Verhaltensregeln im Zusatzverkauf:

- Überzeugen, nicht überreden
- Kurze, präzise Argumente
- Den Nutzen für den Kunden aufzeigen
- Optimistische, positive Ausstrahlung
- Gute Rhetorik, Sprache, Ton
- Fremdworte vermeiden
- Lebhafte Stimme und Blickkontakt

Auch wenn der Schwerpunkt dieses Buches auf dem persönlichen Verkaufsgespräch liegt, ist das Verhalten im Telefongespräch ebenso wichtig, denn jeder Anrufer ist auch ein Kunde.

Eine besondere Rolle spielt das Telefonat beim Nachfassen nach Werbeaktionen, Terminvereinbarungen, Neukundengewinnung und Reklamationen. Jeder Gesprächsteilnehmer, muss erkennen, dass er bei Ihnen gut aufgehoben ist, der Kunde hat ein gutes Gespür dafür, wie wichtig er am Telefon ist und vergleicht Sie mit anderen Anbietern. Sie sind der Botschafter Ihres Unternehmens.

Auf jedes Gespräch sollten Sie sich gut vorbereiten und niemals anrufen, wenn Sie sich geärgert haben. Fragen Sie sich vorher:

- Ist der Termin günstig?
- Mit wem wollen Sie sprechen?

- Kennen Sie den Namen und die Position? Bei Kollegen informieren.
- Wie verhalten Sie sich, wenn der Kunde nicht zu sprechen ist?
- Was wollen Sie im Gespräch erreichen?
- Was tun Sie, wenn der Kunde auf nichts eingeht?
- Wann war das letzte Gespräch mit diesem Kunden?
- Führen Sie wichtige Gespräche nur in ruhiger Umgebung

Beginnen Sie das Gespräch mit einem freundlichen „Guten Tag Herr/Frau...." und nennen dann Firma sowie Ihren Vor- und Nachnamen. Die ersten Worte sind entscheidend, um die volle Aufmerksamkeit des Zuhörers zu bekommen.

Die Frage „Wer ist am Apparat?" ist kalt und unhöflich. Nehmen Sie die Verantwortung auf sich und sagen Sie: „Ich habe Ihren Namen leider nicht richtig verstanden", eventuell schließen Sie noch die Bitte an, den Namen zu buchstabieren. Ruft ein Teilnehmer an und möchte einen anderen Kollegen sprechen, reagieren Sie keinesfall mit: „Da sind Sie bei mir falsch" oder „Dafür bin ich nicht zuständig". Jeder Anrufer ist wahrscheinliche auch Ihr Kunde, dem Sie helfen müssen, also reagieren Sie freundlich und entgegenkommend mit: „Leider ist Herr .... gerade in einer Sitzung. Sobald er wieder am Platz ist, wird er Sie zurückrufen." oder „Herr .... Ist heute auf Geschäftsreise. Wie kann ich Ihnen helfen?" Auch wenn Sie persönlich nicht die richtige Auskunftsperson sind, sollten Sie sich immer für den Wunsch des Kunden interessieren und dafür sorgen, dass er rasch und sicher den richtigen Gesprächspartner findet. Das richtige Verhalten führt zum Erfolg:

- ▶ Sofort abheben, langes Klingeln verärgert den Anrufer unnötig. Ansonsten beim dritten oder fünften Mal mit Weiterleitung arbeiten.
- ▶ Beginnen Sie jedes Telefonat mit einem Lächeln. Das ist am Telefon spür- und hörbar, die Stimme klingt sanfter, geschmeidiger und somit freundlicher. Zugegeben, es ist manchmal schwer, zuversichtlich und fröhlich zu sein. Denken Sie an etwas Erfreuliches bevor Sie beginnen und zeigen Sie dem Anrufer, dass er willkommen ist. Eine gleichgültige oder unfreundliche Stimme wirkt auf den Gesprächspartner wie eine kalte Dusche.
- ▶ Sprechen Sie fröhlich und natürlich, aber ohne den gewohnten Alltagsschlendrian. Leider ist undeutliches Sprechen häufiger als Sie denken.
- ▶ Nennen Sie langsam und deutlich Ihren Namen und auch Ihren Vornamen, das wirkt persönlich und vertrauenerweckend.
- ▶ Zu leises Sprechen und das Verschlucken von Endsilben erschwert das Zuhören. Wer gern zuhört, versteht Ihre Auskünfte besser.
- ▶ Üben Sie natürliches, ausdrucksvolles Sprechen. Am besten ist es, regelmäßig einen Text laut und ausdrucksvoll vorzulesen. Trainieren Sie Ihre Stimme.
- ▶ Bleiben Sie in der normalen Lautstärke. Attackieren Sie keinesfalls das Trommelfell des Gesprächspartners, zu lautes Sprechen lässt den Partner abschalten.

- Sprechen Sie nicht zu schnell. Die Aufnahmefähigkeit des Zuhörers ist begrenzt. Wer allerdings zu langsam spricht, wirkt langweilig, weil die Stimme keine Höhen und Tiefen hat ermüdet es.
- Sehr unhöflich ist auch taktloses Unterbrechen.
- Machen Sie genaue Angaben. „Nächste Woche rufe ich Sie an" oder noch besser: „Ich rufe Sie am Mittwochvormittag an. Passt es Ihnen dann?" Genaue Angaben wecken Vertrauen.
- Halten Sie telefonische Zusagen ein und machen Sie keine vorschnellen Versprechungen, wie „Unser Kollege Herr Schulze kommt am 6. Juli zu Ihnen", ohne sich vorher bei dem Kollegen zu vergewissern.
- Der Kunde kann am Telefon Ihre Produkte nicht anfassen und sehen, umso wichtiger ist es, dass er sich ein Bild machen kann. Auch am Telefon können Sie vor dem geistigen Auge Ihres Gesprächspartners Bilder entstehen lassen wie „Wenn Sie einmal unser neues Katzenstreu testen, werden Sie schnell feststellen, wie sich der angenehme Duft im Raum ausbreitet".

Und zum Schluss:
- Freundlich verabschieden.
- Sich für das Gespräch bedanken.
- Erst nach dem Gesprächspartner auflegen.

Reklamationsbehandlung am Telefon

Bei Reklamationen können Sie am besten beweisen, dass der Kunde sich auf Ihr Unternehmen verlassen kann. Auch unangemessene Forderungen sollten Sie nicht schroff ablehnen. Bleiben Sie diplomatisch, damit Sie nicht das Selbstwertgefühl des Anrufers angreifen. Im Wesentlichen ist die Vorgehensweise identisch mit der Reklamationsbearbeitung im persönlichen Gespräch.

Das Buchstabieralphabet

A	Aachen	I	Ingelheim	R	Rostock
Ä	Umlaut Aachen	J	Jena	S	Salzwedel
B	Berlin	K	Köln	ß	Eszett
C	Cottbus	L	Leipzig	T	Tübingen
Ch	Chemnitz	M	München	U	Unna
D	Düsseldorf	N	Nürnberg	Ü	Umlaut Unna
E	Essen	O	Offenbach	V	Völklingen
F	Frankfurt	Ö	Umlaut Offenbach	W	Wuppertal
G	Goslar	P	Potsdam	X	Xanten
H	Hamburg	Q	Quickborn	Y	Ypsilon
				Z	Zwickau

Checkliste KUNDENBINDUNG

Mein Leitmotiv heißt: Unsere Kunden haben Vorrang	☐
Meine Kunden kennen unsere einmaligen Serviceleistungen	☐
Verbesserungsvorschläge unserer Kunden gebe ich an den Chef weiter	☐
Ich kenne die Werte ‚Kundenbindung' und ‚Kundenservice' und handle danach	☐
Reklamationen erledige ich sofort oder gebe diese umgehend weiter	☐
Ich halte Termin- und Liefervereinbarungen ein oder informiere über Verzögerungen	☐
Die Kunden kennen meinen Namen (Namensschild)	☐
Versprochene Rückrufe werden pünktlich eingehalten	☐
Das Telefon wird spätestens nach dem dritten Läuten abgenommen	☐
Ich mache mir Notizen und gebe diese auch weiter, wenn sie mich nicht betreffen	☐
Ich identifiziere mich mit unseren Produkten und der Firma	☐
Ich bilde mich auch privat weiter und lese viel	☐
Ich achte immer auf Sauberkeit und Hygiene im Geschäft	☐
Ich bin freundlich und zuvorkommend zu allen Kunden und ihrer Begleitung	☐
Ich helfe älteren und behinderten Menschen beim Tragen der Ware	☐
Ich spreche Kunden, die etwas suchen, aktiv an	☐
Ich gratuliere Kunden zu ihrem Geburtstag, Jubiläum etc.	☐
Ich achte darauf, dass Schaufenster und Eingangsbereich sauber und ordentlich aussehen	☐
Ich begrüße alle Kunden freundlich und zuvorkommend	☐
Ich achte immer auf saubere Arbeitskleidung und ein gepflegtes Äußeres	☐
Ich sortiere beschädigte Ware aus.	☐
Ich führe kein Streitgespräch, der Kunde hat immer Recht	☐

Checkliste PERSÖNLICHKEIT

Ich bin kommunikationsfreudig	☐
Ich habe eine gute Allgemeinbildung und verbessere sie stetig	☐
Ich habe ein gepflegtes Äußeres	☐
Ich habe ein gutes Gedächtnis	☐
Ich kann mich neuen Situationen schnell anpassen und reagieren	☐
Ich bin zum Kunden immer ehrlich und aufrichtig	☐
Ich versuche mich immer, in die Lage meines Kunden zu versetzen	☐
Ich verliere auch bei schwierigen Kunden nicht die Geduld	☐
Ich kenne die Umgangsformen im Gespräch	☐
Ich verbessere ständig meine Fach- und Produktkenntnisse	☐
Ich verletzte niemals die Gefühle meines Gegenübers	☐
Ich liebe meine Arbeit und den Umgang mit den Menschen	☐
Ich handle partnerorientiert und will, dass der Kunde zufrieden ist	☐
Ich bin zu jedem Kunden immer freundlich und höflich, auch wenn ich ihn nicht mag	☐
Ich habe gute und ausreichende Menschenkenntnisse und bilde mich weiter	☐

Checkliste LADENATMOSPHÄRE

Ruhezonen sind sauber	☐
Die Geräuschkulisse wird gering gehalten	☐
Es wurden Eimer für Regenschirme aufgestellt	☐
Getränkeanlagen bei Sitzgelegenheiten sind in einem einwandfreien Zustand	☐
Internetzugänge laden zum Verweilen ein	☐
Ruhezonen sind leicht zu finden	☐
Es liegen genügend Zeitschriften in gutem Zustand aus	☐
Das Lesematerial ist auf die Zielgruppe ausgerichtet	☐
Die Treppen sind nicht mit Waren zugestellt	☐
Stufenbeleuchtungen funktionieren	☐
Rolltreppen laufen ruhig	☐
Entschuldigungsschilder für plötzlich auftretende Fehler liegen griffbereit	☐
Einkaufswagen und -körbe sind ausreichend vorhanden	☐
Alle Einkaufswagen lassen sich leicht rollen und bewegen	☐
Es gibt Einkaufswagen mit Sitzeinrichtung für Kinder	☐
Münzschieber an den Einkaufswagen funktionieren einwandfrei	☐
Aufzüge sind nicht durch Waren verdeckt	☐
Am Eingang wird auf die Standorte der Aufzüge hingewiesen	☐
Die Musik in den Aufzügen ist hörbar und dezent	☐
Aufzüge fahren in einem angenehmen Tempo und bremsen unauffällig ab	☐
Alle Etagenverbindungen sind sauber und geruchsneutral	☐
Serviceautomaten am Eingang, z.B. Schuhputzanlage, funktionieren einwandfrei	☐
Kundentoiletten sind sauber und leicht zu finden	☐
Hinweise zur Diebstahlüberwachung sind erkennbar, aber dezent angebracht	☐
Die Warensicherungen an den Produkten stören den Kunden nicht	☐
Am Eingang wird auf die Möglichkeit der überwachten Taschenabgabe hingewiesen	☐
Die Kunden können sich trotz Diebstahlsicherung frei im Geschäft bewegen	☐

Die Sicherungsmaßnahmen verlängern die Kundenwege nicht	☐
Bei geschlossenen Vitrinen hat das Personal immer sofort einen Schlüssel griffbereit	☐
Der Verkaufsraum besitzt eine der Firmenphilosophie entsprechende Atmosphäre	☐
Die Atmosphäre wurde durch die Kombination von Formen, Farben und Licht erzeugt	☐
Bei großer Hitze liegt die Raumtemperatur deutlich unter der Außentemperatur	☐
Die Räume besitzen eine angenehme Raumtemperatur	☐
Fenster werden zur Lüftung eingesetzt	☐
Hintergrundmusik ist dezent zu hören	☐
Die Lautstärke entspricht den Bedürfnissen der Kunden	☐
Bei themenbezogenem Angebot werden die Musikstücke entspechend abgestimmt	☐
Die Nutzung von Musik wurde bei der GEMA angemeldet	☐
Die Lautsprecher sind unauffällig im Raum integriert	☐
Die Lautsprecher hängen ausreichend hoch, nicht in Ohrhöhe	☐
Die Klimaanlage ist genau auf das Wetter eingestellt	☐
Die Beduftung des Raumes liegt knapp unter der Wahrnehmungsschwelle	☐

Checkliste KUNDENSERVICE

Kundentoilette	☐
Parkplatz kostenlos oder gebührenpflichtig mit Anrechnung auf Einkauf	☐
Kaffeebar, Erfrischungsstation kostenlos	☐
Namensschild für alle Mitarbeiter	☐
Regenschirmverleih (Geld zurück bei Rückgabe)	☐
Kundenkartei mit ausführlichen Daten des Kunden	☐
Geburtstagsservice, Kunde wird angerufen	☐
Kinderspielecke und Kinderbetreuung	☐
Taxiruf (kostenlos)	☐
Einpackservice	☐
Lieferservice im Umkreis von ca. 10 km	☐
Baby-Wickelraum	☐
Taschenaufbewahrungsraum	☐
Akzeptanz verschiedener Geldkreditkarten	☐
Eigene Kundenkarte mit Bonussystem	☐
Geschenkgutschein	☐
Freie Zustellung bei Kundenbestellungen	☐
Problemloser Umtausch mit Kassenbon	☐
Schnellkasse	☐
Ruhezone im Geschäft	☐
Karten zur Kundenbefragung an Kasse oder Info	☐
EC-Automat im oder vor dem Geschäft	☐
Internetseite des Geschäfts	☐
Freies WLAN	☐
Hundetankstelle am Eingang	☐
Anleinhaken	☐

Bildquellenhinweise

Alle im Buch enthaltenen Fotos stammen vom Autor.
Die nachfolgenden Abbildungen von anderen Rechtsinhabern:

Titelfoto Adobe Stock, Nomad Soul
Seite 8 Adobe Stock, Nomad Soul
Seite 10 Adobe Stock, hedgehog94
Seite 14 Adobe Stock, Ljupco Smokovski
Seite 16 Adobe Stock, Nomad Soul
Seite 20 Adobe Stock, hiv360
Seite 23 Adobe Stock, ifeelstock
Seite 26 Adobe Stock, Ivan Traimak
Seite 30 Adobe Stock, New Africa
Seite 31 Adobe Stock, murdocksimages
Seite 40 Adobe Stock, JackF
Seite 42 Adobe Stock, Madeleine Steinbach
Seite 43 Adobe Stock, Frank Peters
Seite 45 Adobe Stock, abstract
Seite 46 Adobe Stock, djile
Seite 47 Adobe Stock, chaiwat
Seite 52 Adobe Stock, Robert Kneschke
Seite 53 Adobe Stock, saksit
Seite 54 Adobe Stock, goodluz
Seite 56 Adobe Stock, Tyler Olson
Seite 61 Adobe Stock, Anja
Seite 65 Adobe Stock, auremar
Seite 67 Adobe Stock, Andrey Popov
Seite 70 Adobe Stock, JackF
Seite 74 Adobe Stock, Asier
Seite 78 Adobe Stock, JackF
Seite 80 Adobe Stock, redaktion93
Seite 82 Adobe Stock, Kadmy
Seite 92 Adobe Stock, fizkes
Seite 95 Adobe Stock, Studio Romantic
Seite 98 Adobe Stock, JackF
Seite 102 Adobe Stock, ty

Hans Günter Lemke • Verkaufstraining für den Zoofachhandel